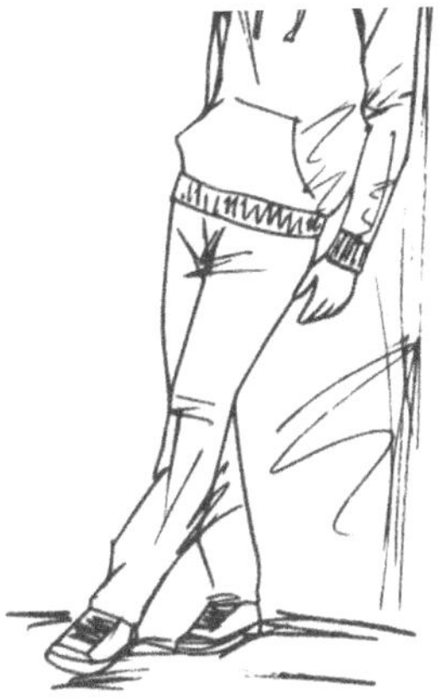

Modedesign
Skizzenbuch

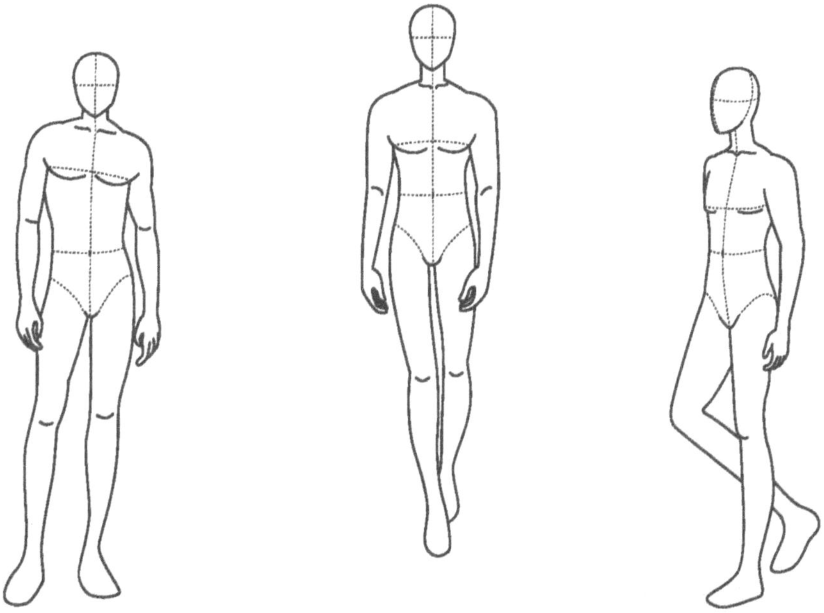

VORLAGEN FÜR MÄNNLICHE FIGUREN

Von Anfänger bis Fortgeschrittene

Niky Jadesson

© Copyright 2025 - Niky Jadesson
Alle Rechte vorbehalten.

Danke, dass du die Rechte der Urheberin respektierst!

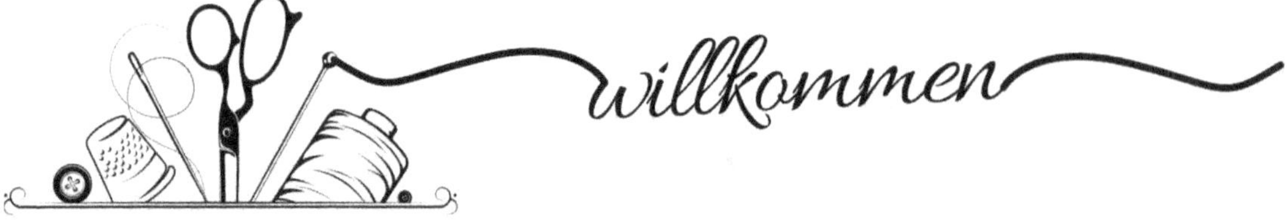

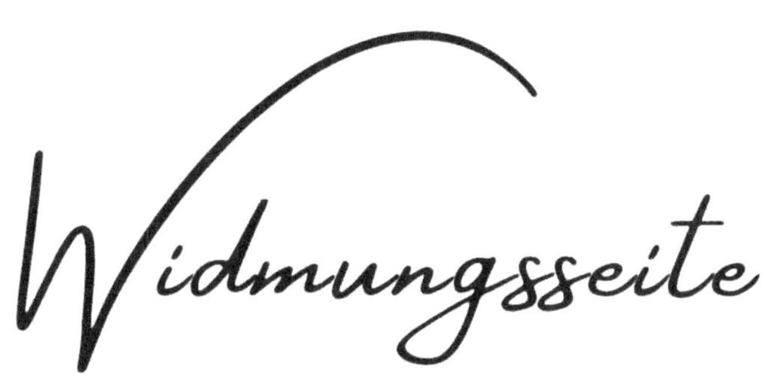
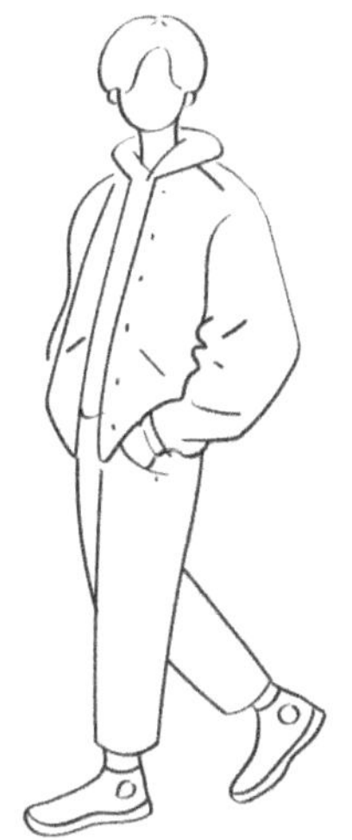

Widmungsseite

Für alle angehenden Modedesigner, die sich von Herrenmode, Schneiderkunst und Kreativität inspirieren lassen.

Dieses Buch wurde für dich geschaffen - um zu experimentieren, zu lernen und deine Ideen durch Modedesign auszudrücken.

Möge jede Seite dir Selbstvertrauen schenken, Originalität fördern und dich daran erinnern, dass jede Skizze der Anfang eines Meisterwerks ist.

Und an die Mentorinnen, Kollegen und geliebten Menschen, die diesen Weg unterstützen: Danke, dass ihr das wahre Fundament hinter der Kunst seid.

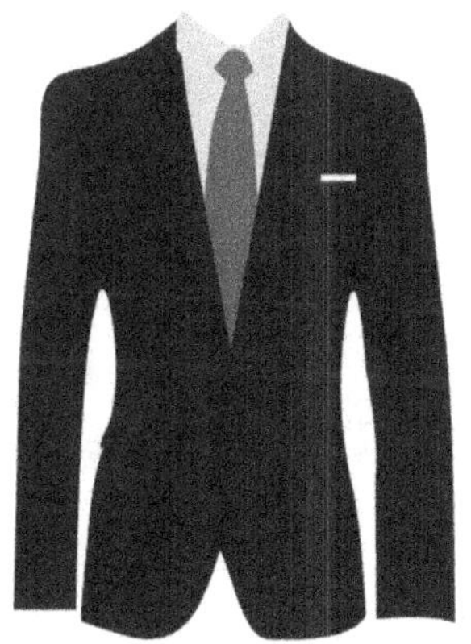

Mit Respekt und Leidenschaft,

Niky Jadesson

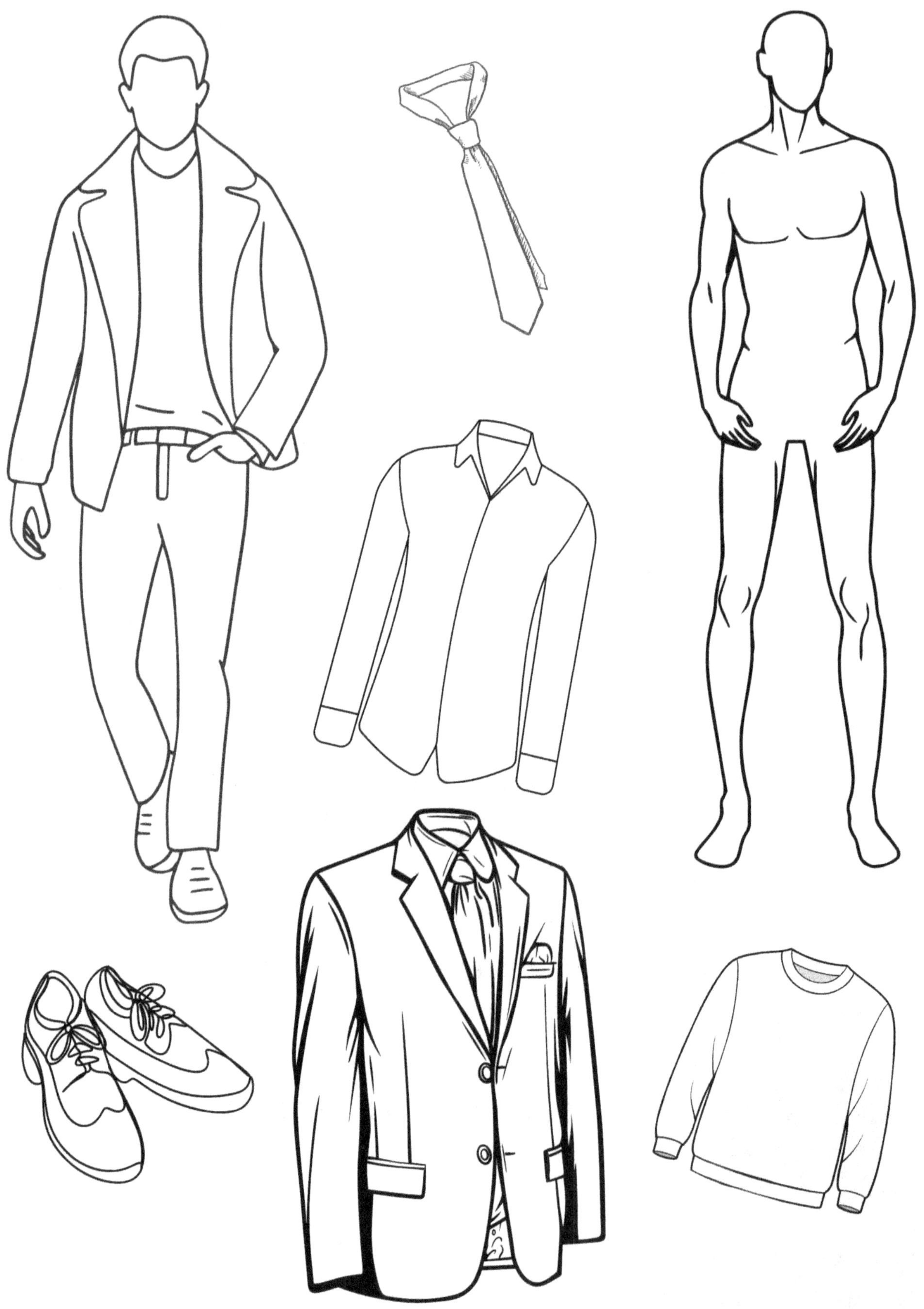

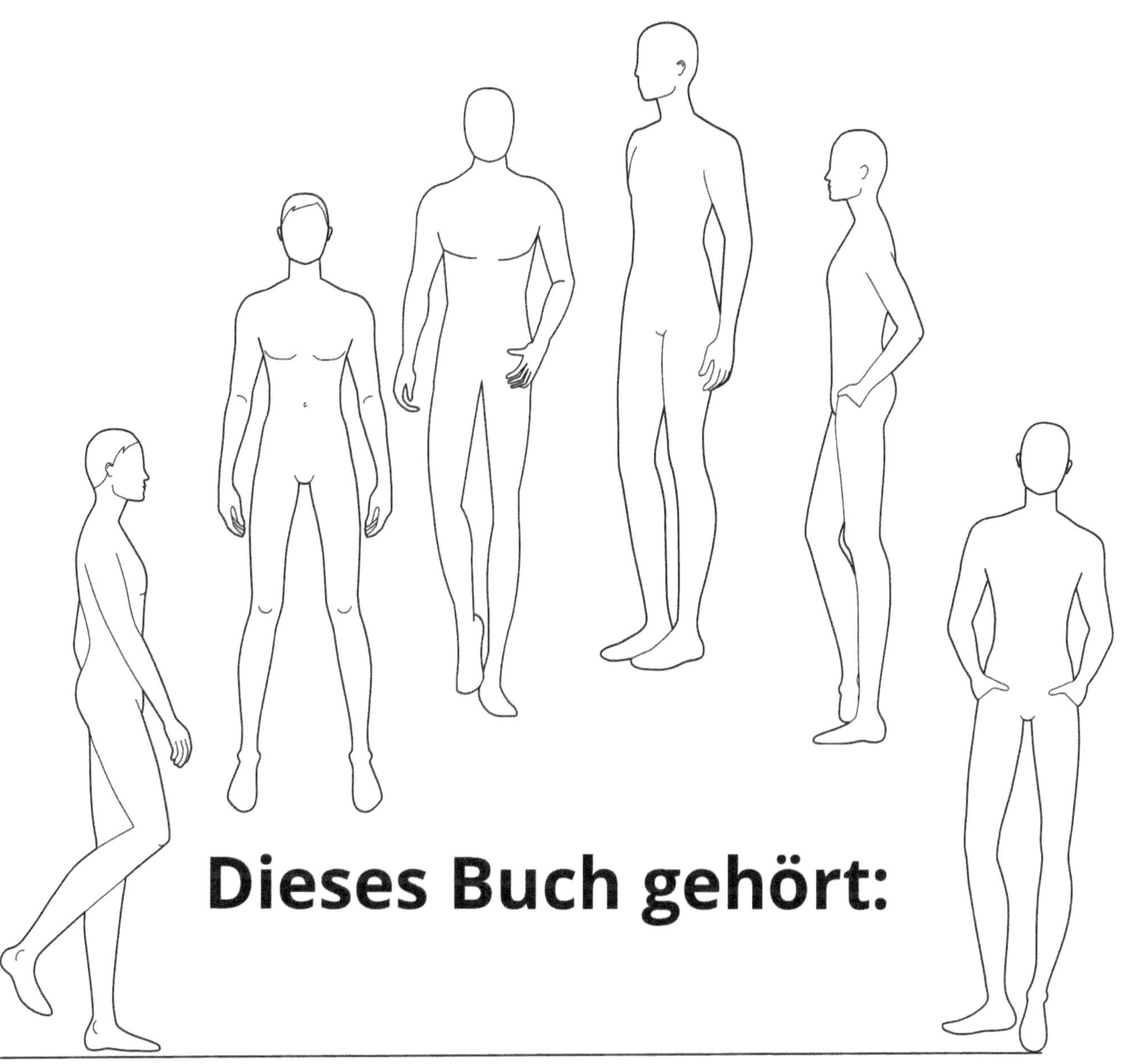

Dieses Buch gehört:

____

____

(Dein Name)

Niky Jadesson

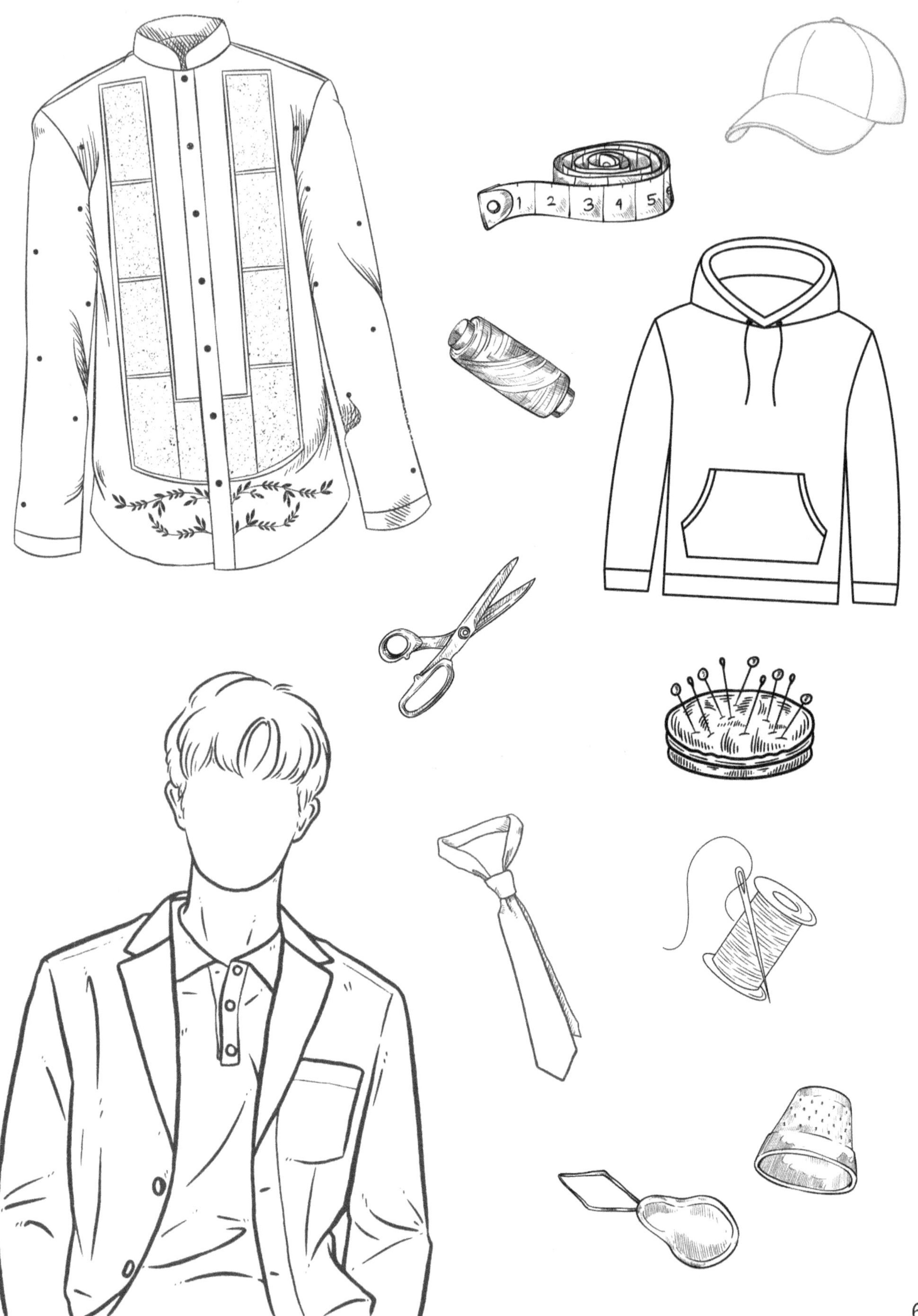

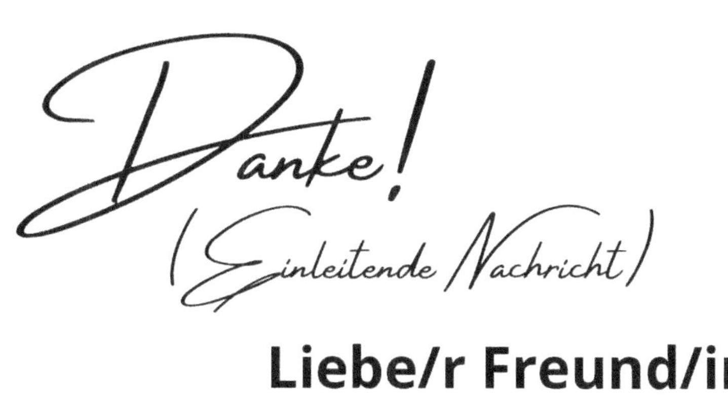

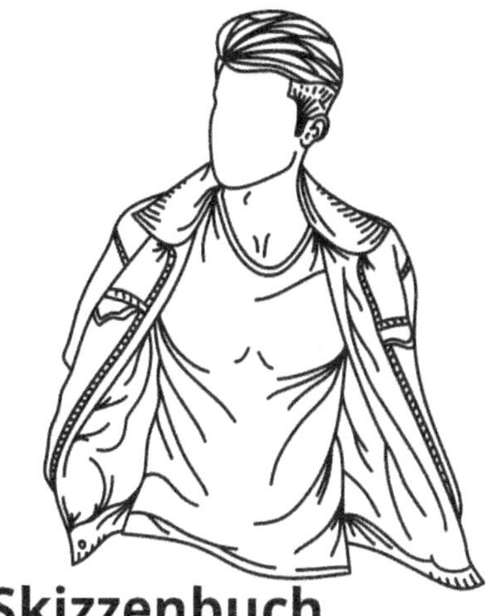

Liebe/r Freund/in,

vielen Dank, dass du dich für dieses Skizzenbuch entschieden hast!

Mode ist mehr als Kleidung - sie ist eine Sprache der Identität, der Kultur und der Kreativität. Wie jeder Designer brauchst du Übung, Inspiration und die richtigen Werkzeuge, um deine Vision zu formen.

Dieses Buch wurde als Raum geschaffen, um Herrenmode zu erkunden, Designs auszuprobieren und deine Fähigkeiten Schritt für Schritt zu erweitern.

Wenn du über zukünftige Bücher informiert bleiben oder dein Feedback teilen möchtest, findest du „**Niky Jadesson Books**" online.

Deine Unterstützung bedeutet mir sehr viel. Wenn dich dieses Skizzenbuch inspiriert, hilft eine kurze Rezension anderen, es zu entdecken, und unterstützt unabhängiges Publizieren.

★ ★ ★ ★ ★

Mit Dankbarkeit,

Niky Jadesson

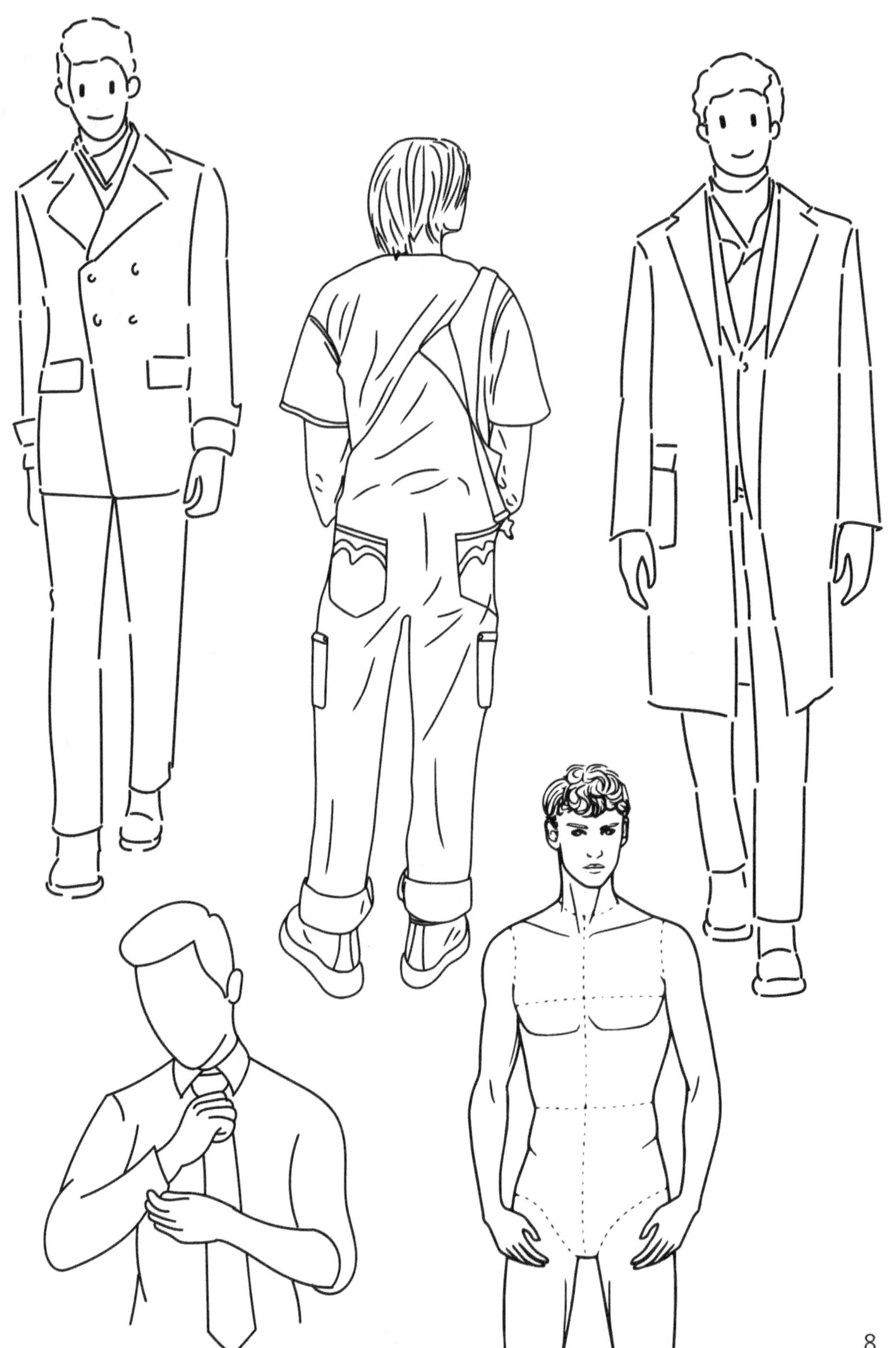

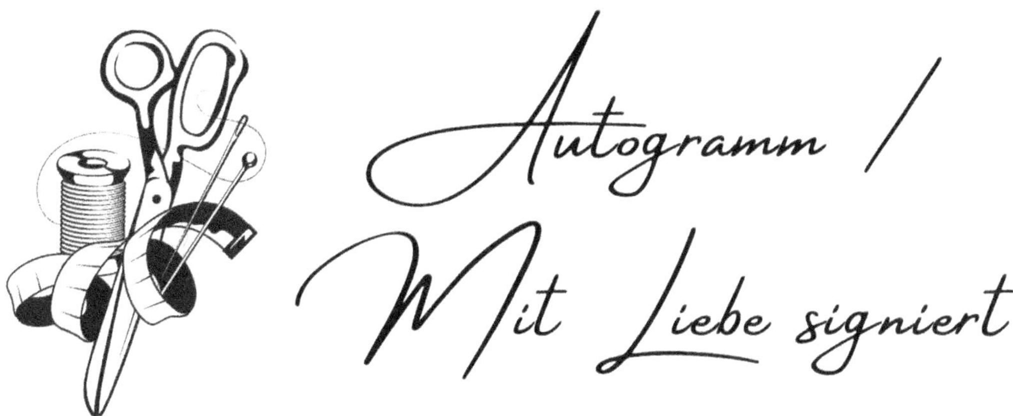

Liebe/r _______________________,

   Dieses Skizzenbuch ist für dich - um zu üben, zu gestalten und deine Vision von Herrenmode zu feiern.

   Möge es dich daran erinnern, dass jedes Outfit, das du entwirfst, ein Schritt auf dem Weg zur Meisterschaft deiner Kunst ist.

Mit meinem aufrichtigen Respekt,

____

(Unterschrift)

Datum: _____________

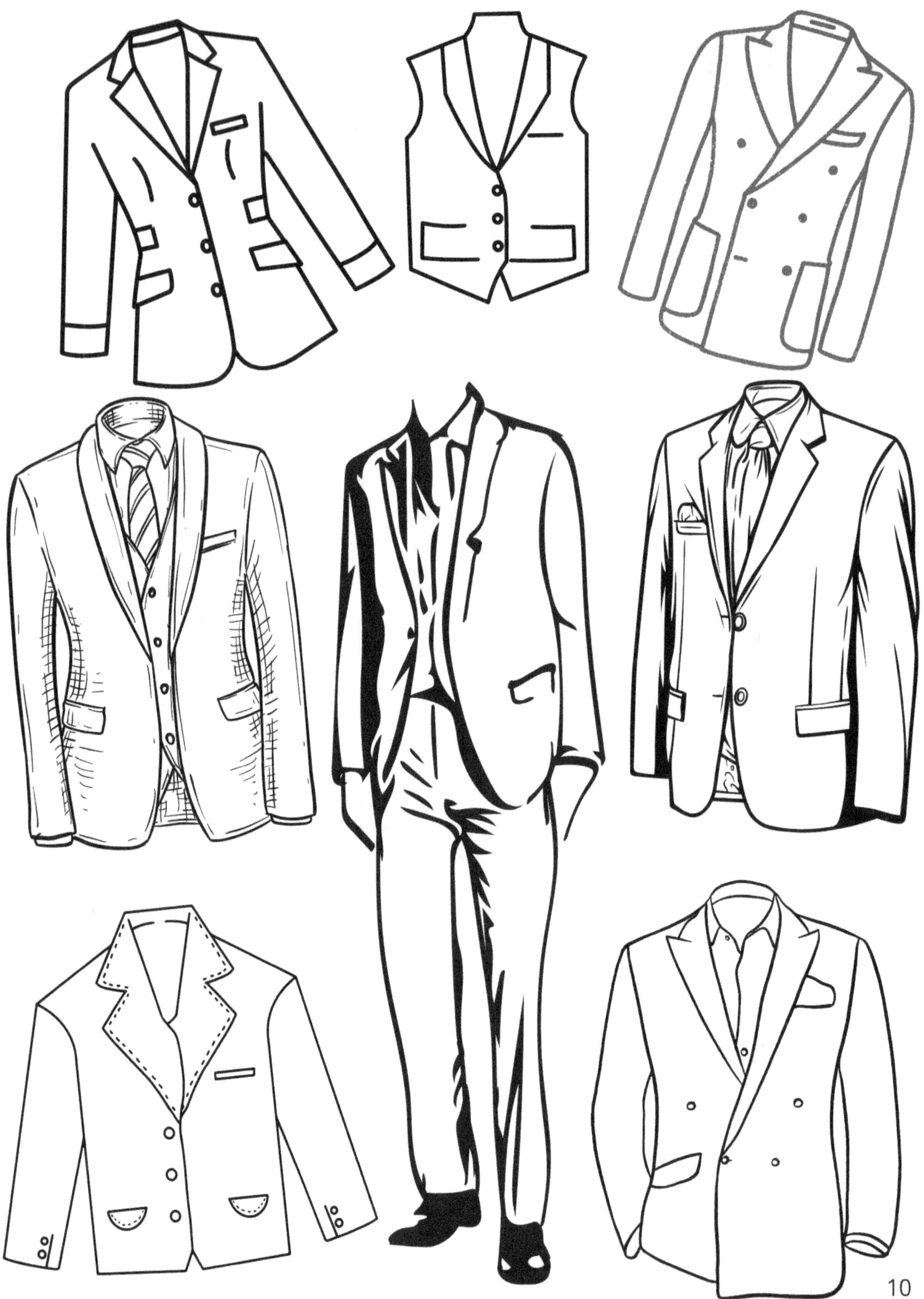

Inhaltsverzeichnis

Teil I - Einleitende Seiten

Teil II - Grundlagen & Theorie

Inhaltsverzeichnis

★ **Hinweis**: Die Figurenvorlagen - männliche Silhouetten - und Übungsseiten werden bewusst mehrfach wiederholt, um eine strukturierte Praxis, kreativen Fluss und gestalterische Vielfalt zu fördern.

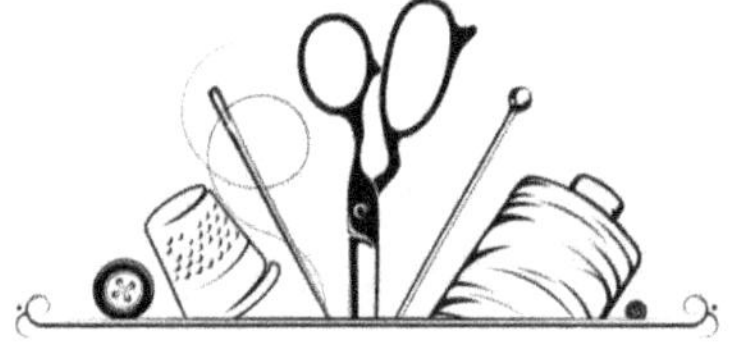

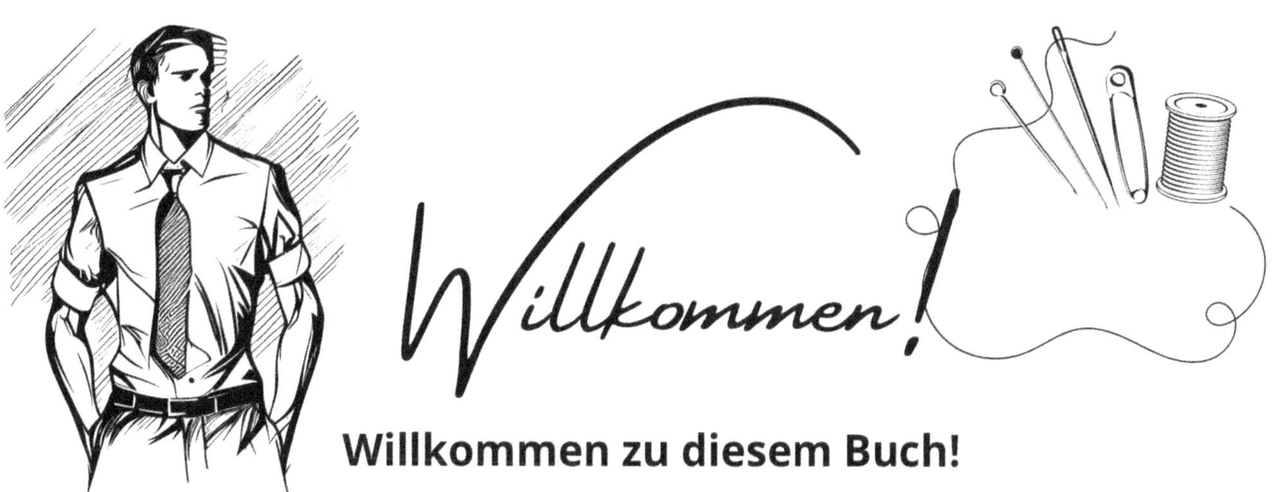

Willkommen zu diesem Buch!

Die Herrenmode ist eine Welt voller Struktur, Details und Innovation. Vom maßgeschneiderten Anzug bis hin zu Streetstyle - jedes Design erzählt seine eigene Geschichte.

Dieses Skizzenbuch wurde entwickelt, um dir Raum zu geben, deine Kreativität in der Gestaltung von Herrenbekleidung zu üben, zu entdecken und zu verfeinern.

Nimm dir Zeit, probiere verschiedene Silhouetten, Stoffe und Farben aus - und vor allem: genieße den Prozess.

Egal, ob du gerade erst beginnst oder bereits Erfahrung hast - dies ist dein persönlicher Raum, um zu experimentieren und als Designer zu wachsen.

Wir fühlen uns geehrt, dich auf diesem
kreativen Weg zu begleiten.

Viel Freude beim Entwerfen!

Niky Jadesson

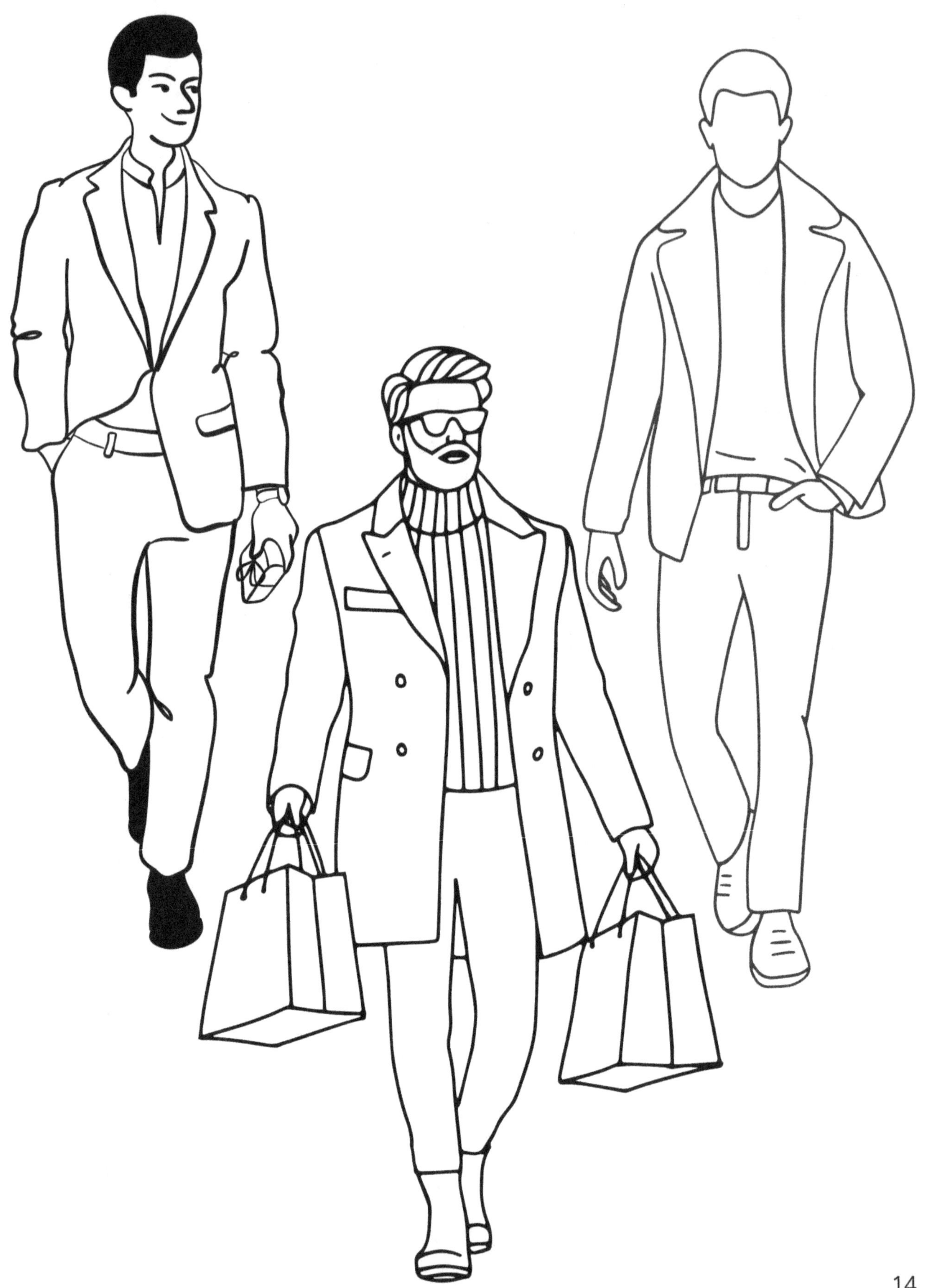

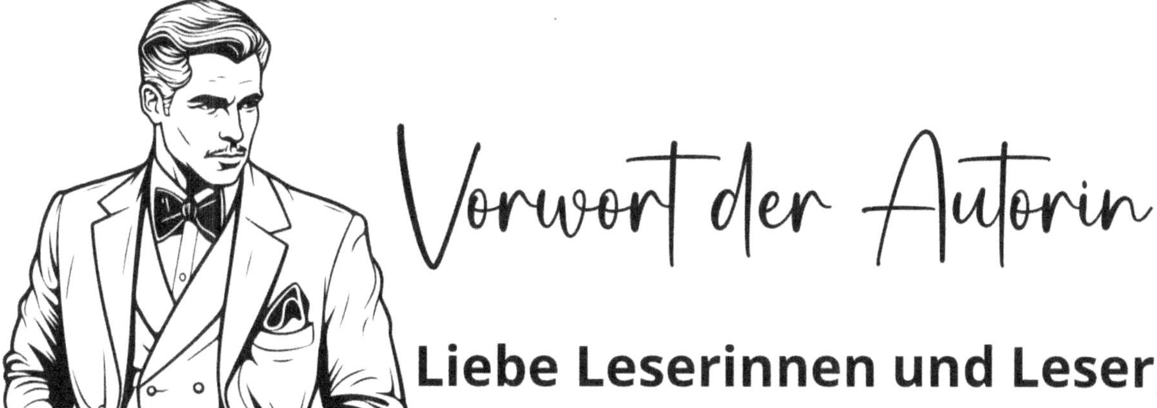

Vorwort der Autorin

Liebe Leserinnen und Leser,

Willkommen auf dieser kreativen Reise in die Welt der Herrenmode.

Dieses Buch wurde mit einem Ziel geschrieben: dir einen Raum zu geben, in dem Inspiration auf Praxis trifft - und jede Seite neue Ideen wecken kann.

Hier findest du sowohl Orientierung - mit Grundlagen der Mode und professionellen Tipps - als auch Freiheit, durch männliche Figurenvorlagen und Skizzenseiten, auf denen du grenzenlos experimentieren kannst.

Herrenmode ist vielfältig: von minimalistischem Stil bis hin zu mutiger Streetstyle, von präziser Maßarbeit bis zu lässiger Sportswear.

Ich hoffe, dass dich diese Seiten inspirieren werden, zu zeichnen, Neues auszuprobieren und Kleidung als Funktion und Kunst zu sehen.

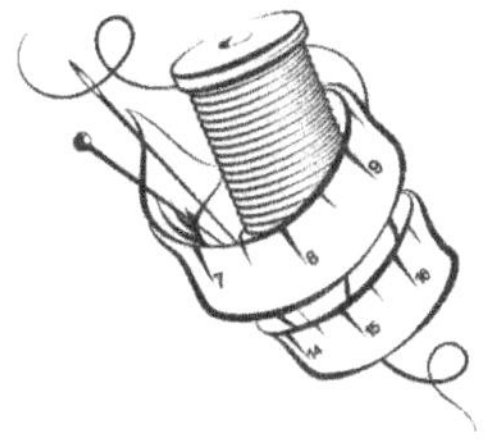

Mit Leidenschaft und Dankbarkeit,

Niky Jadesson

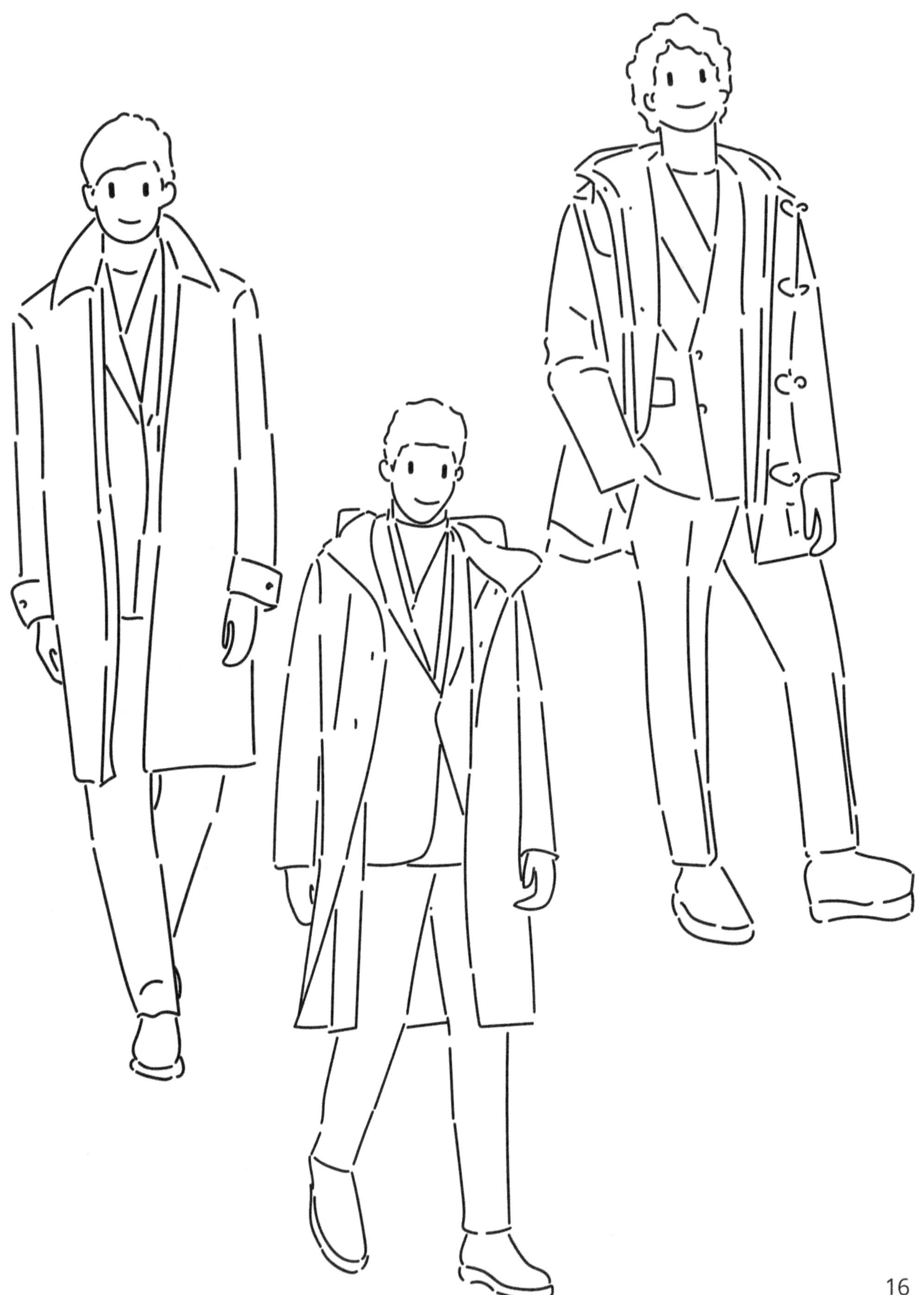

Wie du dieses Skizzenbuch verwendest

Dieses Skizzenbuch ist sowohl praktisch als auch kreativ.

Es bietet dir Raum, um Outfits zu entwerfen, Stile zu erkunden und deine persönliche Entwicklung zu reflektieren.

So nutzt du es am besten:

- **Experimentiere frei** - Probiere Freizeitlooks, formelle Outfits oder ausdrucksstarke Streetstyle. Dies ist dein Spielplatz für Ideen.
- **Mach dir Notizen** - Schreibe Stoffe, Schnitte und Accessoires zu jedem Design auf.
- **Nutze die Vorlagen** - Die männlichen Figurensilhouetten helfen dir, Kleidung direkt am Körper zu visualisieren.
- **Vergleiche & verbessere** - Beobachte, wie sich deine Skizzen im Laufe der Zeit entwickeln.
- **Wiederhole & verfeinere** - Hab keine Angst, Outfits neu zu zeichnen und Varianten zu erkunden.

Egal, ob du Anfänger bist oder deine Fähigkeiten verfeinern möchtest - dieses Skizzenbuch ist dein persönliches Designstudio.

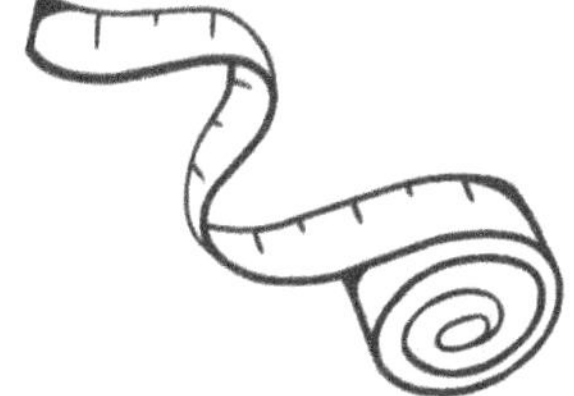

Meine Ziele & Inspirationen

Herrenmode basiert auf Balance - Struktur und Komfort, Tradition und Moderne.

Bevor du zu zeichnen beginnst, nimm dir einen Moment Zeit, um zu definieren, welche Art von Designer du sein möchtest.

Fragen zur Orientierung:

- Welche Art von Herrenmode begeistert mich am meisten? (Streetstyle, Anzüge, Sportswear, Casual)
- Welche Geschichte sollen meine Designs erzählen? (Selbstbewusstsein, Professionalität, Freiheit, Rebellion)
- Wer sind meine Stilvorbilder? (Klassische Designer, Musiker, Sportler oder Alltagsmenschen)

Platz für Notizen:

- Meine Designziele: _______________________________________
- Meine Modeinspirationen: _______________________________
- Stoffe oder Schnitte, die ich erkunden möchte: _______________________________________
- Fähigkeiten, die ich verbessern möchte: _______________

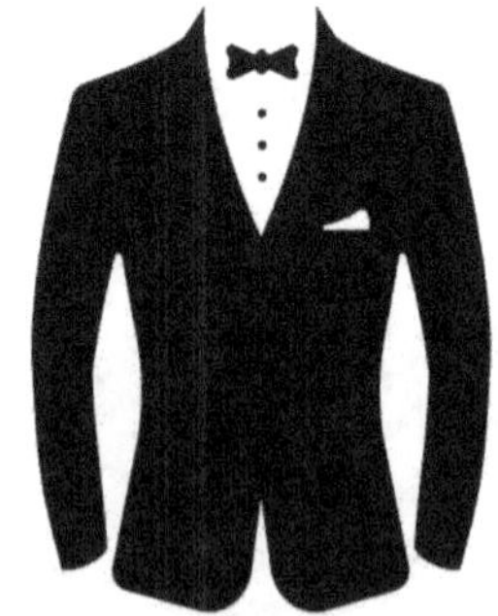

Deine Ziele müssen nicht endgültig sein
- sie können sich entwickeln, genau wie die
Mode selbst.

Werkzeuge & Materialien
für Modeskizzen

Um Herrenmode zu zeichnen, brauchst du einige grundlegende Werkzeuge, die dir helfen, deine Ideen klar und präzise umzusetzen:

- **Bleistifte & Radiergummis** - Für leichte Linien bei Jacken, Hemden und Hosen, bevor du Details ergänzt.
- **Fineliner** - Ideal, um Kragen, Manschetten und Nähte hervorzuheben.
- **Marker & Schattierungen** - Neutrale Paletten (Schwarz, Grau, Blau) für Anzüge, kräftige Farben für Streetstyle.
- Lineal & Kurvenlineal - Hilfreich für die klaren, strukturierten Linien, die in der Herrenmode typisch sind.
- **Digitale Tablets** - Perfekt für präzise Schichtarbeit und schnelle Anpassungen - ideal für modernes Modedesign.
- **Stoffproben** - Wolle, Denim, Tweed, Baumwolle - das Fühlen dieser Materialien hilft dir, realistische Texturen zu zeichnen.

Die richtigen Werkzeuge erleichtern die Arbeit - aber die wahre Kreativität kommt immer von dir.

Tipps
für den Anfang

So kannst du dein Selbstvertrauen beim Zeichnen aufbauen:

- **Konzentriere dich auf die Grundlagen** - Übe Hemden, Hosen und Jacken, bevor du komplexe Outfits zeichnest.
- **Studie der Maßarbeit** - Achte darauf, wie Nähte einen Anzug formen, wie Revers Charakter verleihen, wie Manschetten oder Knöpfe das Design vollenden.
- **Spiele mit Proportionen** - Slim Fit, Oversized, Relaxed - probiere alle Varianten aus.
- **Accessoires hinzufügen** - Schuhe, Krawatten, Hüte oder Taschen können ein Outfit völlig verändern.
- **Konsistenz zählt** - Zeichne lieber regelmäßig ein bisschen, statt auf den „perfekten" Moment zu warten.

Herrenmode mag auf den ersten Blick schlicht wirken - aber ihre Stärke liegt in den Details. Eine einzige Linie kann ein ganzes Design verändern.

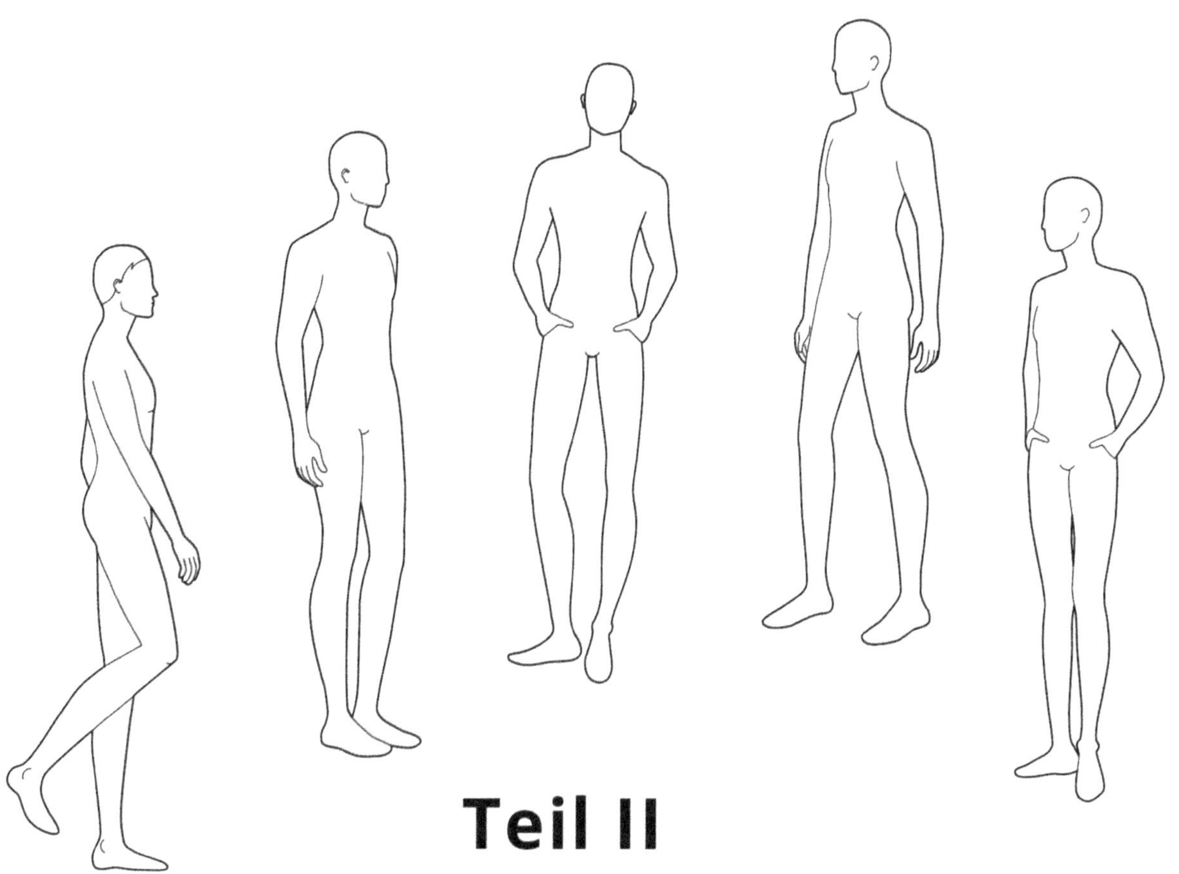

Teil II
- Ausbildung & Grundlagen

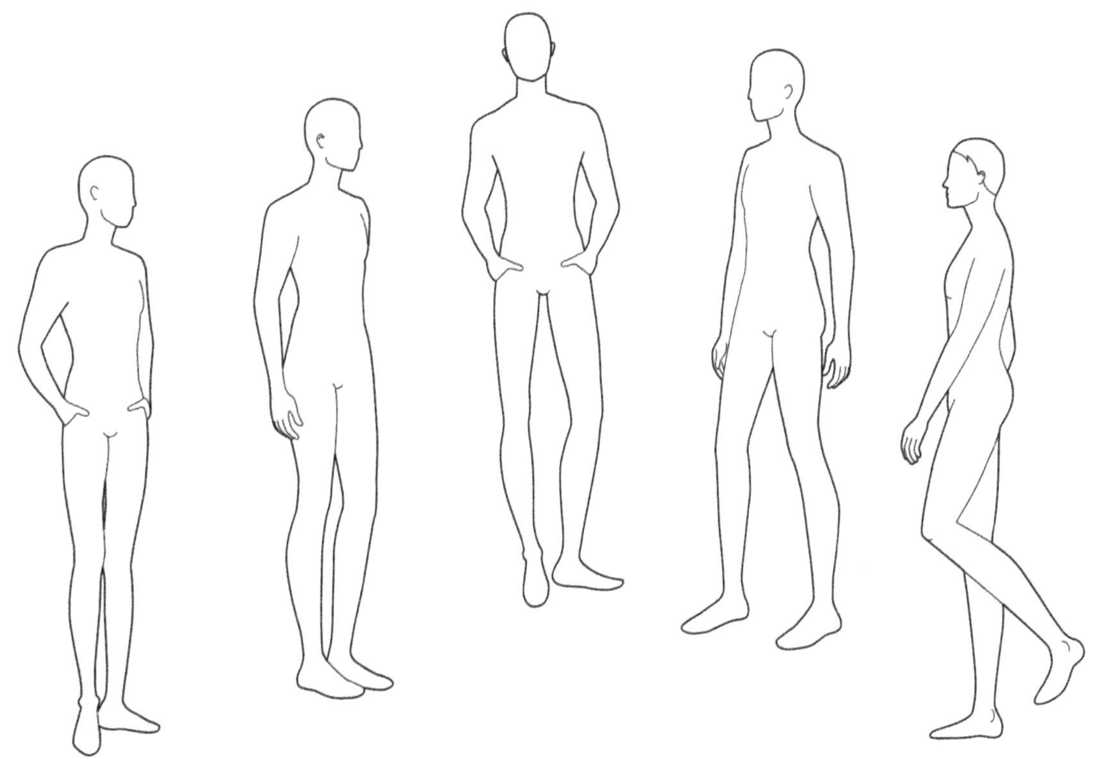

Eine kurze Geschichte der Herrenmode
- Von klassischen Epochen bis zu modernen Stilen

Die Herrenmode war schon immer geprägt von Funktion, Kultur und sozialem Status. Während Praktikabilität oft das Design bestimmte, spiegelte Kleidung auch Macht, Tradition und Selbstausdruck wider.

- **Antike Zivilisationen** - Männer trugen Tuniken, Gewänder und drapierte Stoffe, die Bewegungsfreiheit ermöglichten. Gürtel, Sandalen und Schmuck zeigten Reichtum oder gesellschaftliche Stellung.
- **Mittelalter & Renaissance** - Kleidung wurde strukturierter. Maßgeschneiderte Mäntel, Strumpfhosen und Umhänge betonten Autorität. Stickereien und edle Stoffe standen für Prestige.
- **18. & 19. Jahrhundert** - Der Anzug wurde zum Symbol der Eleganz. Westen, Krawatten und maßgeschneiderte Hosen galten als Standard für Herren, während Arbeitskleidung sich unabhängig entwickelte.
- **20. Jahrhundert** - Vom dreiteiligen Anzug bis zu Jeans und Freizeithemden: Herrenmode wurde vielfältig. Sport- und Militärstile beeinflussten Alltags- und Businessmode.
- **Heute** - Herrenmode steht für Freiheit und Individualität. Minimalistische Streetstyle, maßgeschneiderte Anzüge, Oversized-Silhouetten und nachhaltige Stoffe existieren nebeneinander. Komfort, Identität und Vielseitigkeit prägen die moderne Herrengarderobe.

Jede Epoche hinterlässt Spuren. Beim Skizzieren kannst du überlegen, wie heutige Designs die Zukunft inspirieren könnten.

Männliche Silhouetten im Wandel der Zeit
- *Straight Cut, Slim, Relaxed, Oversized*

Silhouetten in der Herrenmode definieren sowohl Formalität als auch Lebensstil.

- **Straight Cut** - Klassisch, ausgewogen, leicht kantig. Die zeitlose Basis für Anzüge und Uniformen.
- **Slim Fit** - Schmale Schultern und taillierte Linien. Modern, elegant, jugendlich.
- **Relaxed Fit** - Lockerer, bequemer Schnitt, oft in Freizeitmode verwendet.
- **Oversized** - Dramatische Proportionen mit übertriebener Weite - typisch für Streetstyle und Avantgarde-Designs.

Silhouetten sind eine stille Sprache:

Slim wirkt präzise, Oversized wirkt mutig, Relaxed wirkt zugänglich, Straight wirkt traditionell.

Beim Skizzieren solltest du mit Proportionen experimentieren - schon kleine Änderungen an Schulterbreite oder Hosenweite können das gesamte Design verändern.

Farblehre in der Herrenmode
- *Kombinationen, Kontraste & saisonale Paletten*

Farben beeinflussen Stimmung, Stil und Persönlichkeit.

- **Neutrale Grundlagen -** Schwarz, Grau, Marine, Braun und Weiß dominieren die Herrenmode, weil sie vielseitig und zeitlos sind.
- **Akzentfarben -** Kräftige Töne wie Rot, Grün oder Senfgelb bringen Individualität, ohne den Look zu überladen.
- **Saisonale Paletten:**
  - *Frühling:* helle Neutraltöne mit Farbakzenten.
  - *Sommer*: kühle Blautöne, Weiß und frische Nuancen.
  - *Herbst*: erdige Brauntöne, Olivgrün, dunkles Orange.
  - *Winter*: starke Kontraste - Schwarz mit Weiß oder dunkle Töne mit metallischen Akzenten.
- **Farbpsychologie -** Dunkle Töne wirken formell, helle Töne vermitteln Leichtigkeit, kräftige Farben strahlen Selbstbewusstsein aus.

Schon ein einziges Detail - eine farbige Krawatte, ein Futterstoff oder Sneaker - kann ein schlichtes Outfit komplett verändern.

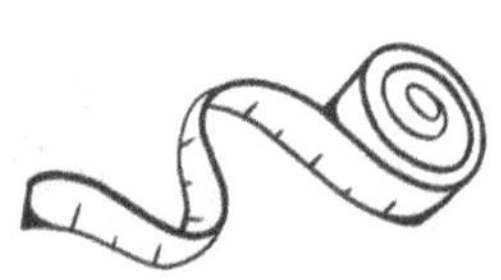
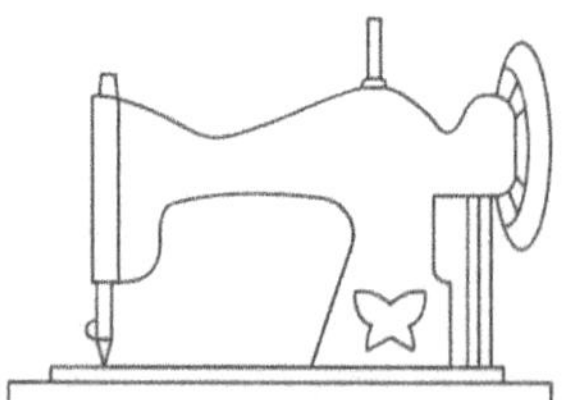

Stoffe & Texturen in der Herrenmode
- *Wolle, Baumwolle, Denim, Leder*

Stoffe bestimmen Komfort, Haltbarkeit und Stil.

- **Wolle** - Warm, strukturiert, ideal für Anzüge, Mäntel und Strickwaren.
- **Baumwolle** - Atmungsaktiv, vielseitig, perfekt für Hemden, Hosen und Freizeitkleidung.
- **Denim** - Robust, praktisch, ikonisch in der Herrenmode - ein Symbol lässiger Stärke.
- **Leder** - Widerstandsfähig, langlebig, häufig für Jacken, Schuhe und Accessoires verwendet.

Texturen erzählen ebenso viel wie Silhouetten: Glatte Stoffe wirken elegant, raue Stoffe eher lässig.

Zeichne dieselbe Jacke einmal in Wolle und einmal in Leder - du wirst sofort den Unterschied in der Stimmung erkennen.

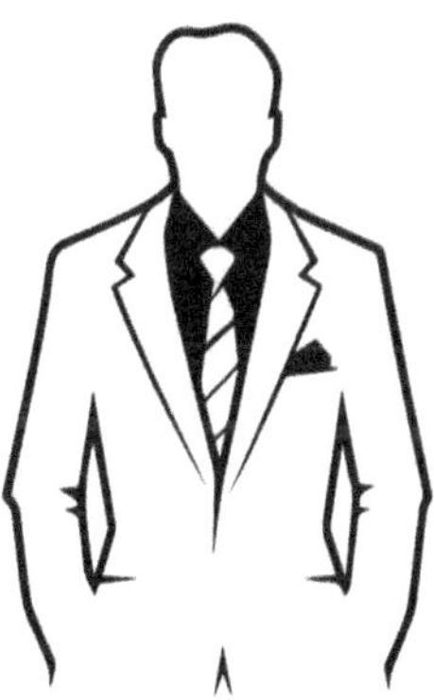

Werkzeuge für Modeskizzen
- Bleistifte, Marker, digitale Optionen

Deine Werkzeuge helfen dir, Form und Struktur maskuliner Designs festzuhalten.

- **Graphitstifte** - Ideal für präzise Linien, Schattierungen und klare Konturen.
- **Marker** - Perfekt für kräftige Farbakzente und starke Kontraste.
- **Farbstifte** - Für feine Farbübergänge und Stoffeffekte.
- **Tinte & Fineliner** - Schaffen definierte, elegante Linien.
- **Digitale Tools** - Tablets ermöglichen schnelle Anpassungen von Proportionen und Texturen.

Das beste Werkzeug ist das, das du regelmäßig benutzt. Starte einfach - und entwickle dich durch Übung weiter.

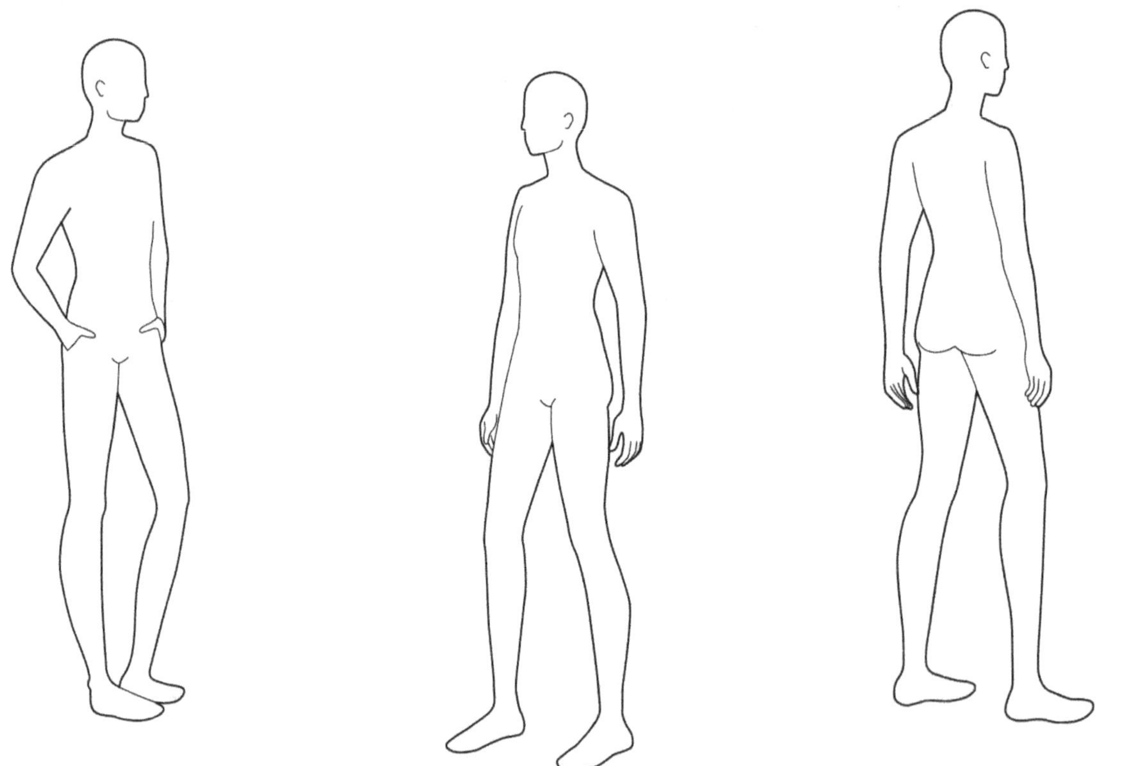

Schritt für Schritt: Freizeit-Outfit

(T-Shirt, Hemd, Jeans)

Freizeitmode steht für Leichtigkeit, Komfort und Persönlichkeit.

1. **Beginne mit der Silhouette** - Gerader oder entspannter Schnitt für Bewegungsfreiheit.
2. **Skizziere die Grundformen** - Ein T-Shirt, offenes Hemd oder Jeans.
3. **Füge funktionale Details hinzu** - Taschen, Nähte, Reißverschlüsse, hochgekrempelte Ärmel.
4. **Farbpalette** - Neutrale Töne mit leichten Akzenten (Grau, Weiß, Hellblau, Oliv).
5. **Texturen** - Zeige die Rauheit von Denim, die Weichheit von Baumwolle oder Schichtung von Stoffen.

Freizeitdesigns sollten mühelos wirken - etwas, das man jeden Tag gerne trägt.

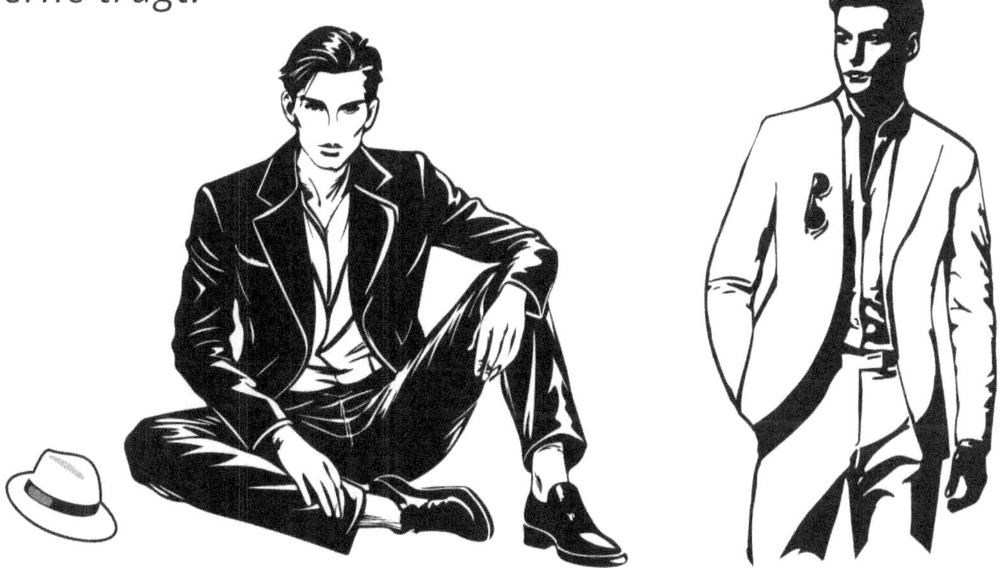

Schritt für Schritt: Abendlook

(Anzug, Jacke, formelle Kleidung)

Abendmode für Männer verbindet Eleganz mit Persönlichkeit.

1. **Silhouette** - Wähle Slim oder Straight Fit, je nach Stilrichtung.
2. **Jackendetails** - Revers, Knöpfe, Schlitze und Länge verleihen Charakter.
3. **Hose** - Aus demselben Stoff wie die Jacke, aber im Schnitt etwas bequemer.
4. **Hemd & Accessoires** - Kragen, Krawatte, Manschettenknöpfe, Gürtel oder Schuhe runden das Design ab.
5. **Farben & Stoffe** - Dunkle Töne wie Marine oder Anthrazit für klassische Eleganz; hellere Nuancen für modernen Ausdruck.

Ein formelles Outfit sollte Selbstvertrauen ausstrahlen - und trotzdem authentisch bleiben.

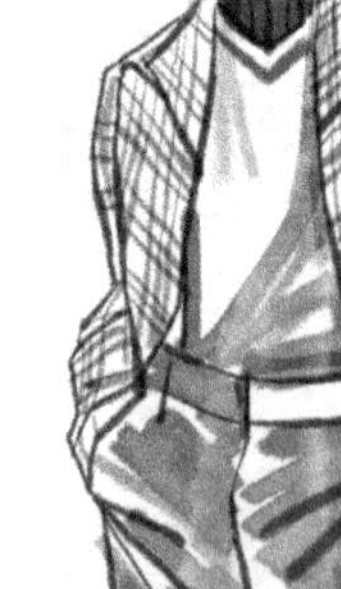

Häufige Designfehler
in der Herrenmode

(und wie man sie vermeidet)

Fehler passieren - aber Bewusstsein hilft, sie zu vermeiden.

- **Falsche Proportionen** - Zu breite Schultern oder zu lange Hosen stören das Gleichgewicht.
- **Zu viele Details** - Zuviel Reißverschlüsse, Nähte oder Lagen wirken überladen.
- **Farbkonflikte** - Zu grelle Kombinationen wirken unruhig.
- **Ungeeignete Stoffe** - Schwere Stoffe für Sommerkleidung oder leichte Stoffe für Mäntel funktionieren nicht.
- **Einheitsgröße-Denken** - Männerkörper sind sehr unterschiedlich; Designs sollten sich anpassen.

Die stärksten Designs vereinen Stil, Funktion und Passform.

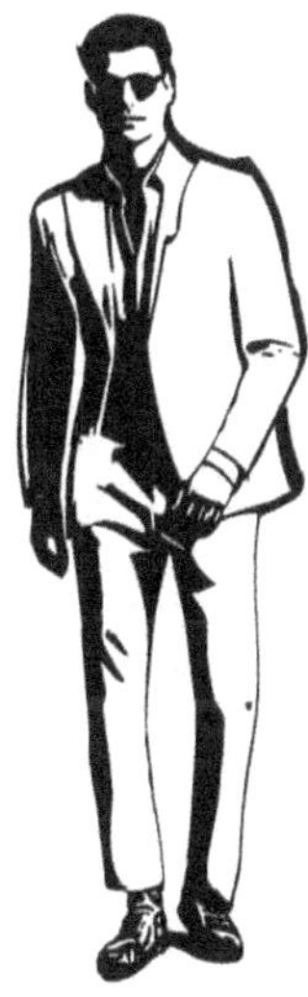

Tipps & Tricks für Modedesigner in der Herrenmode

- Verwende Layering, um Tiefe und Vielseitigkeit zu schaffen.
- Der Schnitt zählt - Selbst ein schlichtes Hemd wirkt außergewöhnlich, wenn es perfekt sitzt.
- Neutrale Paletten werden spannend durch Texturen - kombiniere z. B. Wolle mit Baumwolle oder Denim.
- Zeichne auch Accessoires - Gürtel, Hüte, Schuhe und Taschen vervollständigen das Outfit.
- Übe verschiedene Altersgruppen und Körperformen, um vielseitiger zu werden.

Herrenmode lebt von Feinheit - kleine Veränderungen in Linie, Stoff oder Schnitt können große Wirkung zeigen.

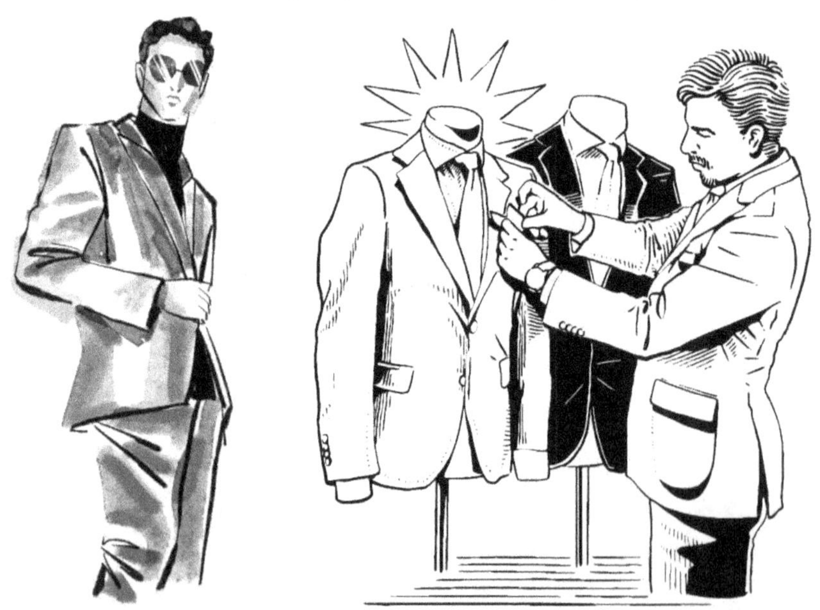

Schritt-für-Schritt-Leitfaden

für dieses Skizzenbuch

Dieses Skizzenbuch ist dein persönliches Trainingsfeld für Herrenmode.

- **Übe Silhouetten** - Verwende die Vorlagen, um Proportionen und Passformen zu testen.
- **Experimentiere mit Stoffen** - Zeichne Schattierungen für Wolle, Baumwolle, Denim oder Leder.
- **Spiele mit Farben** - Kombiniere neutrale Basen mit unerwarteten Akzenten.
- **Denke in Kollektionen** - Entwirf Freizeit-, Business- und Streetstyle-Looks mit gemeinsamer Thematik.
- **Notizen & Reflexionen** - Schreibe auf, was dich inspiriert hat, was funktioniert hat und was du verbessern würdest.

Am Ende wirst du eine persönliche Sammlung maskuliner Designs haben, die deine kreative Entwicklung widerspiegelt.

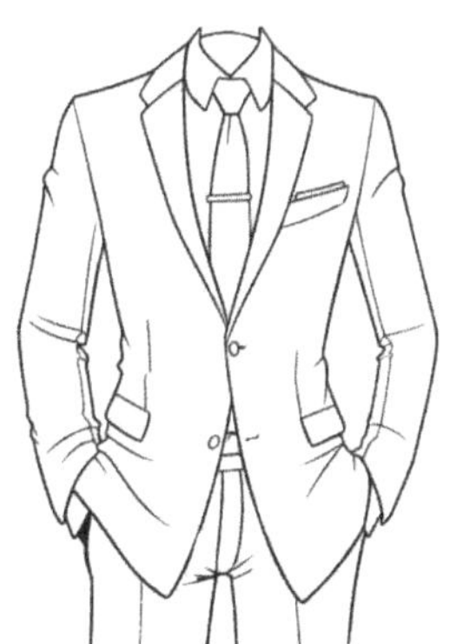

Grundlagen der Modeskizze:
Schritt für Schritt

Das Skizzieren von Herrenmode betont Struktur, Balance und Proportion. Obwohl männliche Silhouetten oft geradliniger sind, bleibt Raum für kreative Freiheit.

Schritt 1: Grundsilhouette aufbauen

- Markiere Schultern, Brust, Taille, Hüften und Beine.
- Männerproportionen sind meist breiter in den Schultern und gerader im Oberkörper.

Schritt 2: Grundoutfit umreißen

- Verwende geometrische Formen - Rechtecke für Hemden, verjüngte Linien für Hosen, strukturierte Blöcke für Jacken.
- Halte den Entwurf klar und einfach, bevor du Details hinzufügst.

Schritt 3: Kleidungsmerkmale ergänzen

- Füge Kragen, Manschetten, Knöpfe, Reißverschlüsse, Nähte und Taschen hinzu.
- Diese Details bestimmen oft, ob ein Look lässig, formell oder sportlich wirkt.

Schritt 4: Stoffe & Texturen andeuten

- Gerade Linien → Denim oder Baumwolle.
- Dichte Schattierungen → Wolle oder Leder.
- Kreuzschraffur → Tweed oder strukturierte Stoffe.

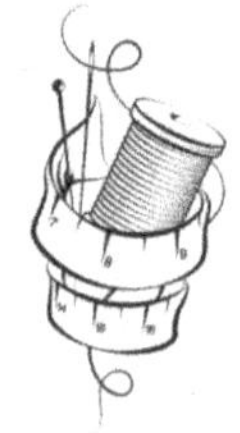

Schritt 5: Farbe & Ton anwenden

- Herrenmode bevorzugt gedeckte Töne, aber Mut zu kräftigen Farben ist erlaubt.
- Verwende Schatten, um Falten und Lagen darzustellen.

Schritt 6: Skizze abschließen

- Verstärke Konturen und überprüfe Proportionen.
- Ergänze Notizen zu Stoffart, Saison oder Stilidee.

Herrenmodeskizzen belohnen Präzision - aber lass dich dadurch nicht einschränken. Nutze diese Schritte als flexiblen Leitfaden.

Mini-Übung:

Zeichne ein einfaches Hemd-und-Hose-Outfit zweimal - einmal als Freizeitlook (Baumwollhemd + Sneaker), dann als formelles Outfit (Businesshemd + Lederschuhe). Vergleiche, wie Haltung und Details die Stimmung verändern.

SCHNELLER & EINFACHER ALLTAGSLOOK

Alltagsmode für Männer verbindet Funktionalität mit Stil. Diese Übung hilft dir, einen einfachen, aber wirkungsvollen Look zu entwerfen.

5 Schritte zum Casual-Look:

1. Zeichne eine entspannte männliche Silhouette mit leicht breiten Schultern.
2. Füge ein schlichtes T-Shirt oder Freizeithemd hinzu.
3. Kombiniere es mit Chinos oder Jeans.
4. Ergänze Alltagsschuhe - Sneaker, Loafer oder Stiefel.
5. Füge dezente Accessoires hinzu - Uhr, Rucksack oder Gürtel.

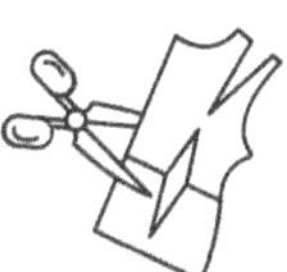

Styling-Hinweise:

- Neutrale Farben (Grau, Marine, Weiß, Schwarz) dominieren die Herrenmode.
- Kleine Variationen - hochgekrempelte Ärmel, offene Hemden oder Layering - verleihen Persönlichkeit.
- Stoffe wie Baumwolle, Denim und Jersey sind bequem und vielseitig.

Warum diese Übung?

Casual Looks sind ideal, um Balance und Proportion zu üben. Sie helfen dir, dich mit Haltung, Schichtung und feinen Details vertraut zu machen.

Reflexionsfragen:

- Wie verändert sich der Look, wenn du Chinos gegen Jeans tauschst?
- Welche Stimmung vermittelt jede Variante?

Zeichne auf dieser Seite dein persönliches Alltagsoutfit - und experimentiere mit kleinen Details, um den Stil zu verändern.

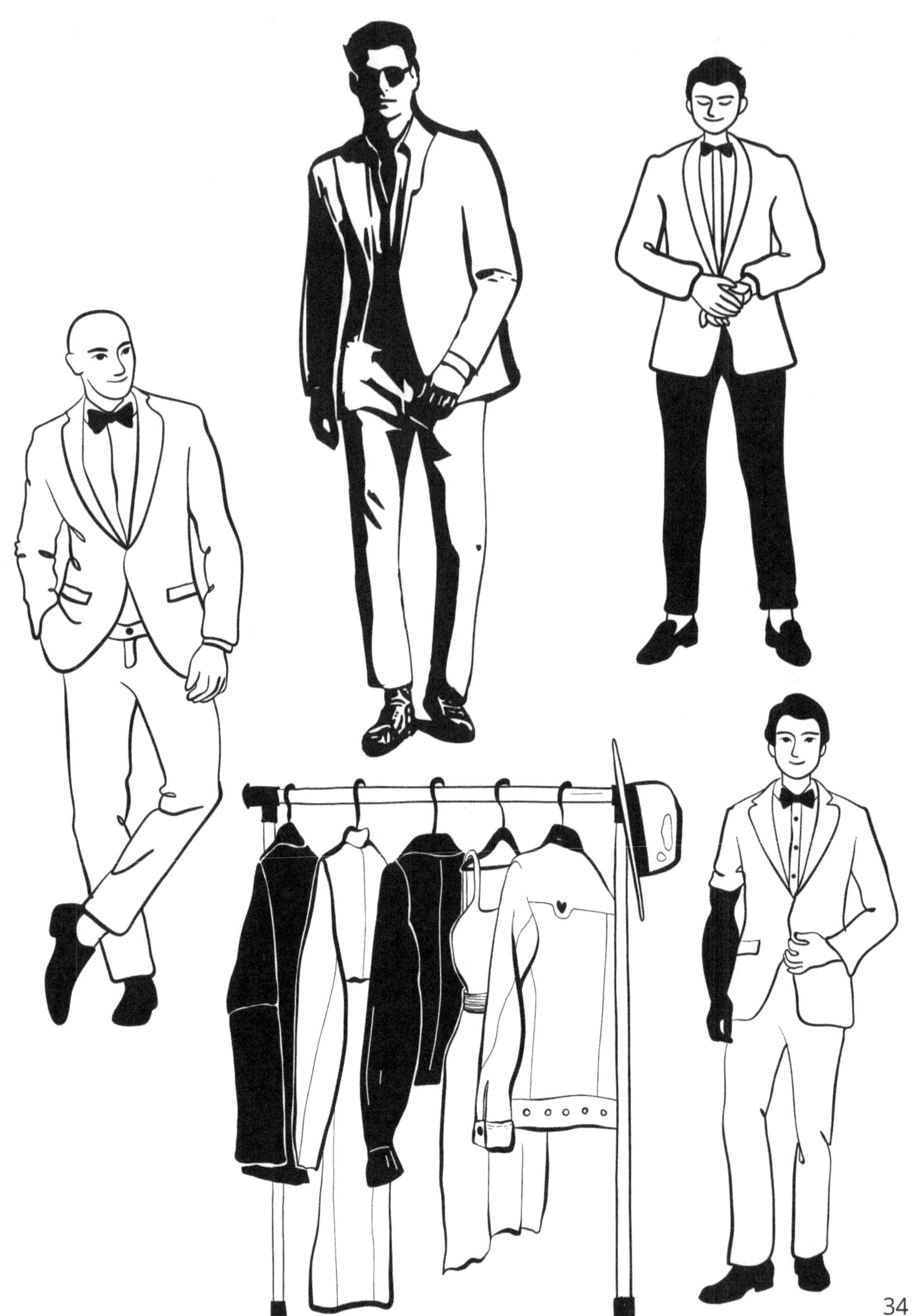

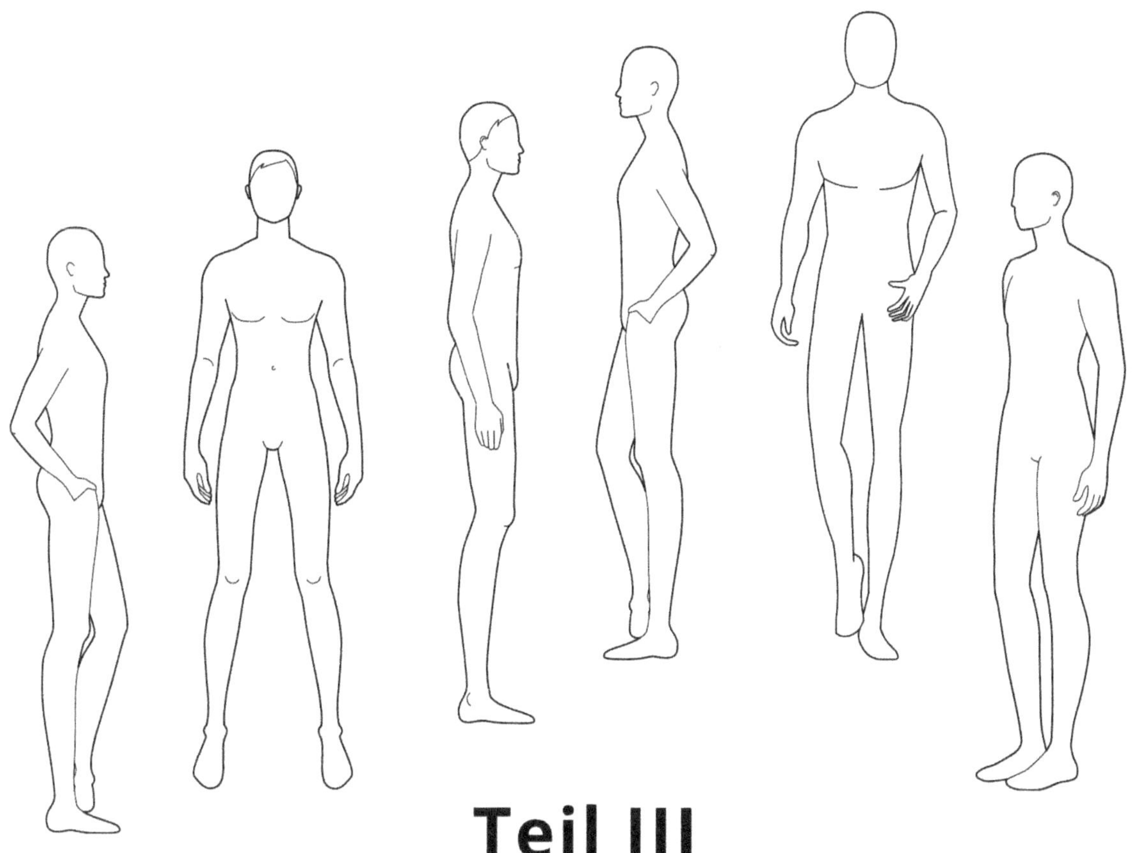

Teil III
- *Skizzenbuch & Praxis*

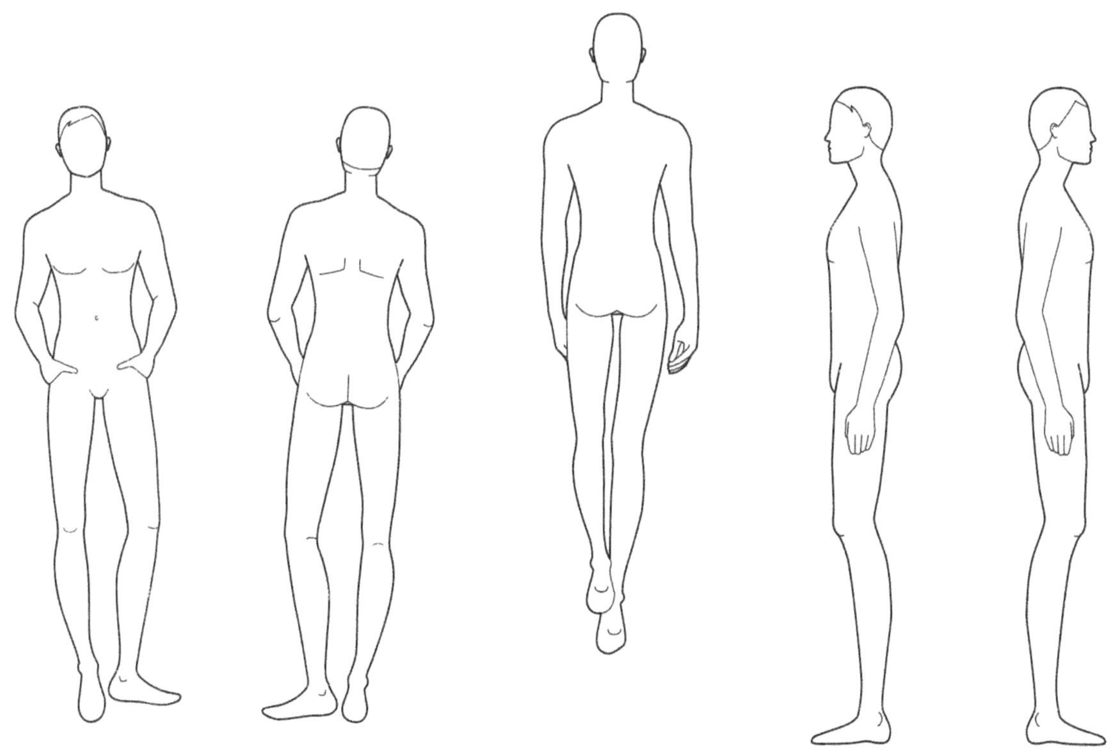

Mode-Praxisleitfaden & Notizen

Die Herrenmode lebt von Details und Struktur. Verwende diese Seite, um mit Proportionen, Schnitten und Layering zu experimentieren. Strebe keine Perfektion an - jeder Versuch stärkt dein Können und schärft dein Auge.

So verwendest du diese Seite:

- Skizziere einen ungewöhnlichen Jackenschnitt oder eine Hosen-Silhouette.
- Füge Layering hinzu, um zu sehen, wie Hemden, Blazer und Mäntel miteinander wirken.
- Notiere Texturen oder Bewegungen.

Reflexion & Notizen:

- Welche Proportion hat am besten funktioniert?
- Fühlte sich das Outfit ausgewogen an?
- Was könnte ich beim nächsten Mal verbessern?

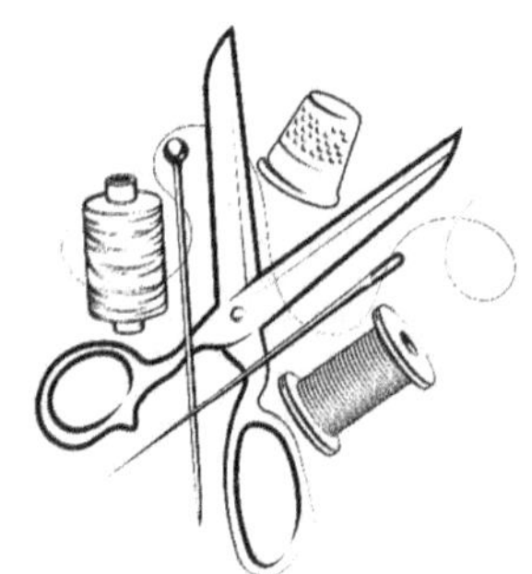

Profi-Tipp: *Präzision im Detail definiert großartige Herrenmode.*

Outfit-Inspiration: Streetstyle

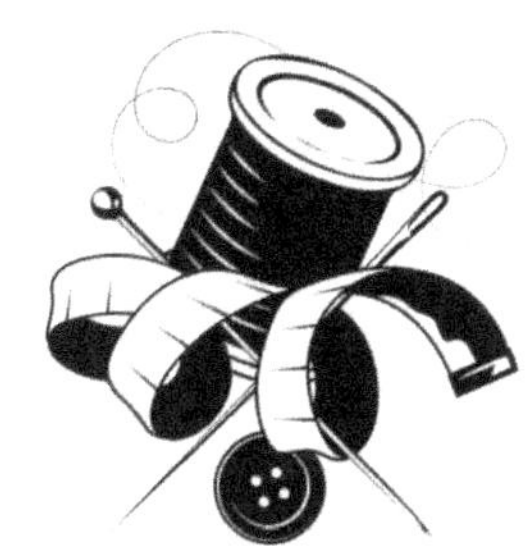

Klassische Streetstyle

Klassische Streetstyle dreht sich um zeitlose Basics, die nie an Coolness verlieren. Stell dir gerade geschnittene Jeans in mittlerer Waschung vor, kombiniert mit einem frischen weißen T-Shirt - lässig, aber mit Absicht getragen. Eine Bomberjacke oder Collegejacke darüber verleiht sofort einen urbanen Touch. Schlichte Sneakers in neutralen Farben vervollständigen den Look.

Accessoires bleiben dezent - vielleicht eine Baseballkappe oder eine minimalistische Uhr.

Die Stärke dieses Stils liegt in seiner Vielseitigkeit: Er funktioniert für entspannte Tage in der Stadt, bei informellen Treffen oder sogar leicht aufgewertet für den Abend. Dieser Look erinnert daran, dass Mode nicht kompliziert sein muss. Konzentriere dich auf gut sitzende, hochwertige Basics - so wird jedes Outfit zeitlos.

Profi-Tipp: Bleib bei neutralen Farben wie Schwarz, Weiß, Grau oder Marine als Basis. Ergänze nur einen auffälligen Akzent - etwa eine rote Jacke, ein grafisches T-Shirt oder farbige Sneaker -, um einen Fokus zu schaffen, ohne das Gesamtbild zu überladen.

Trends

Inspiration

Textilien

Notizen

Details

Stoffmuster

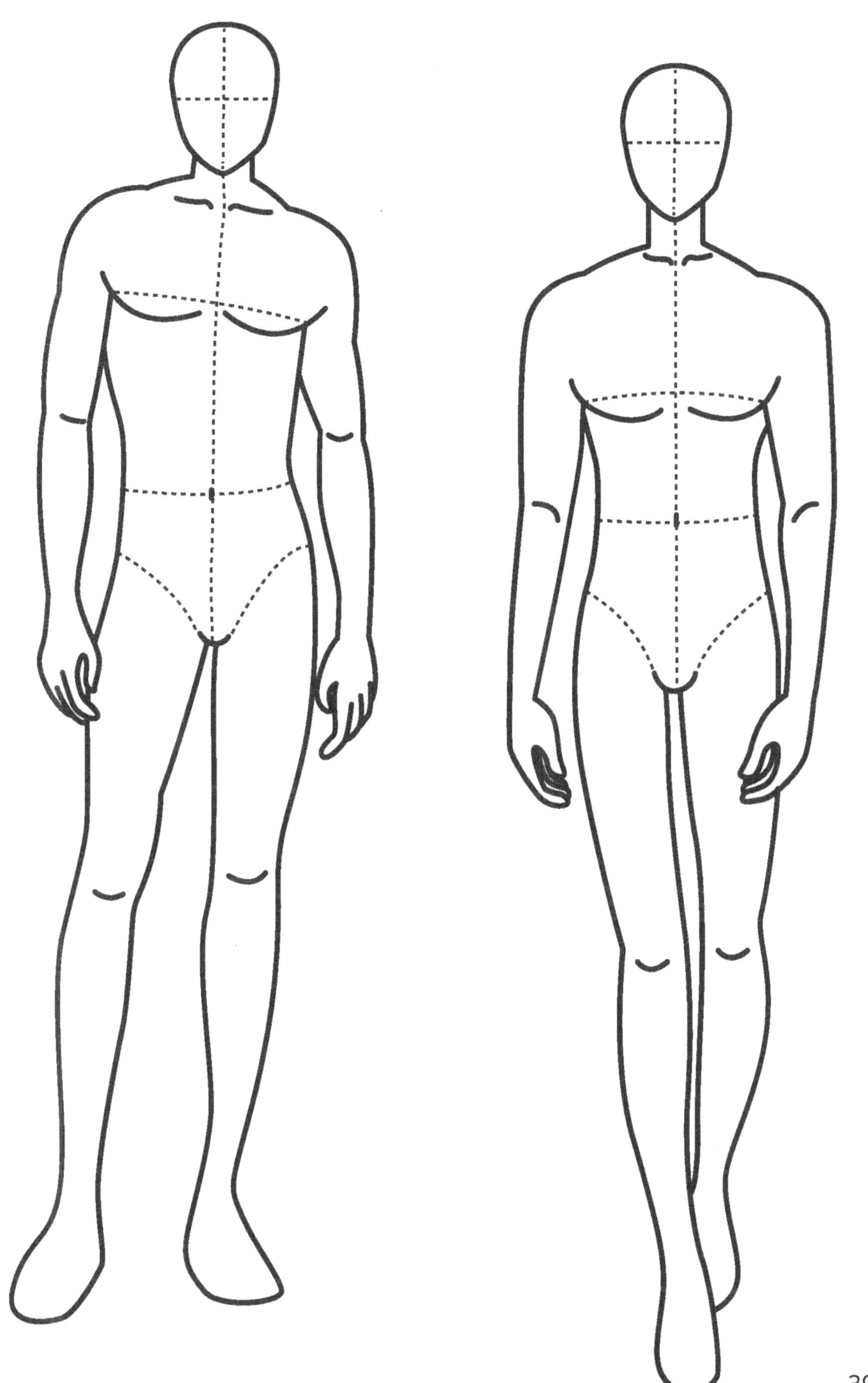

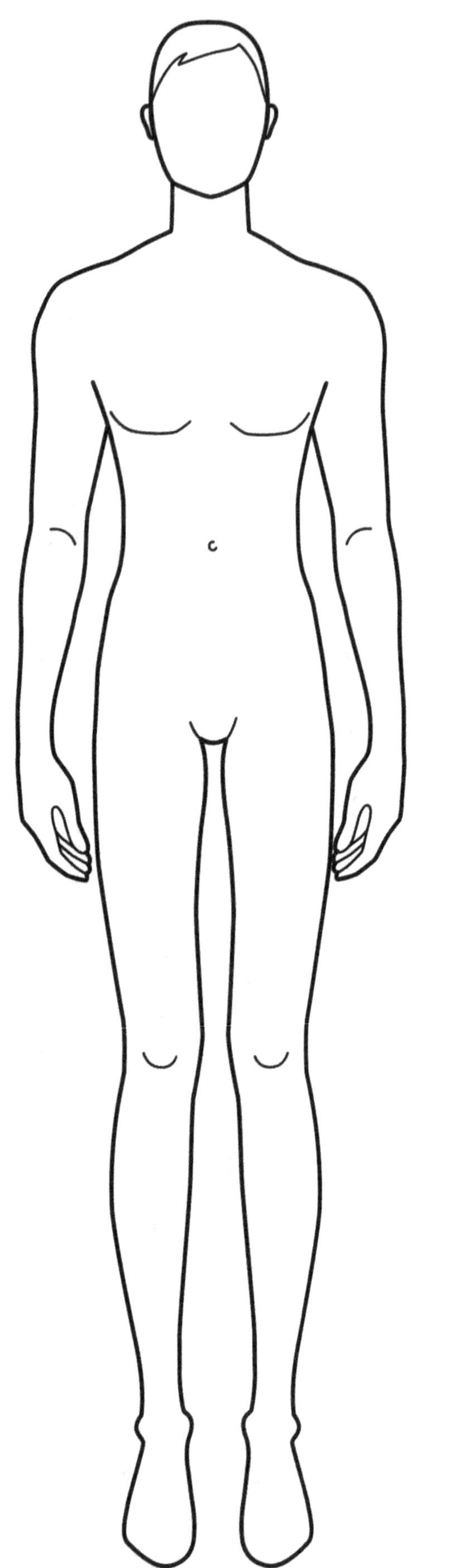
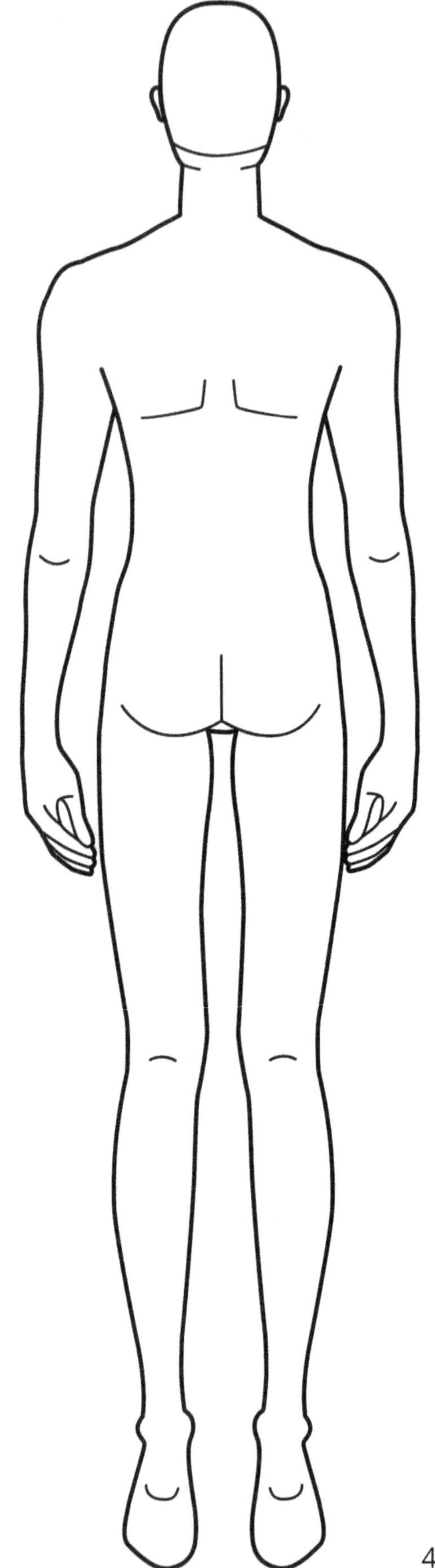

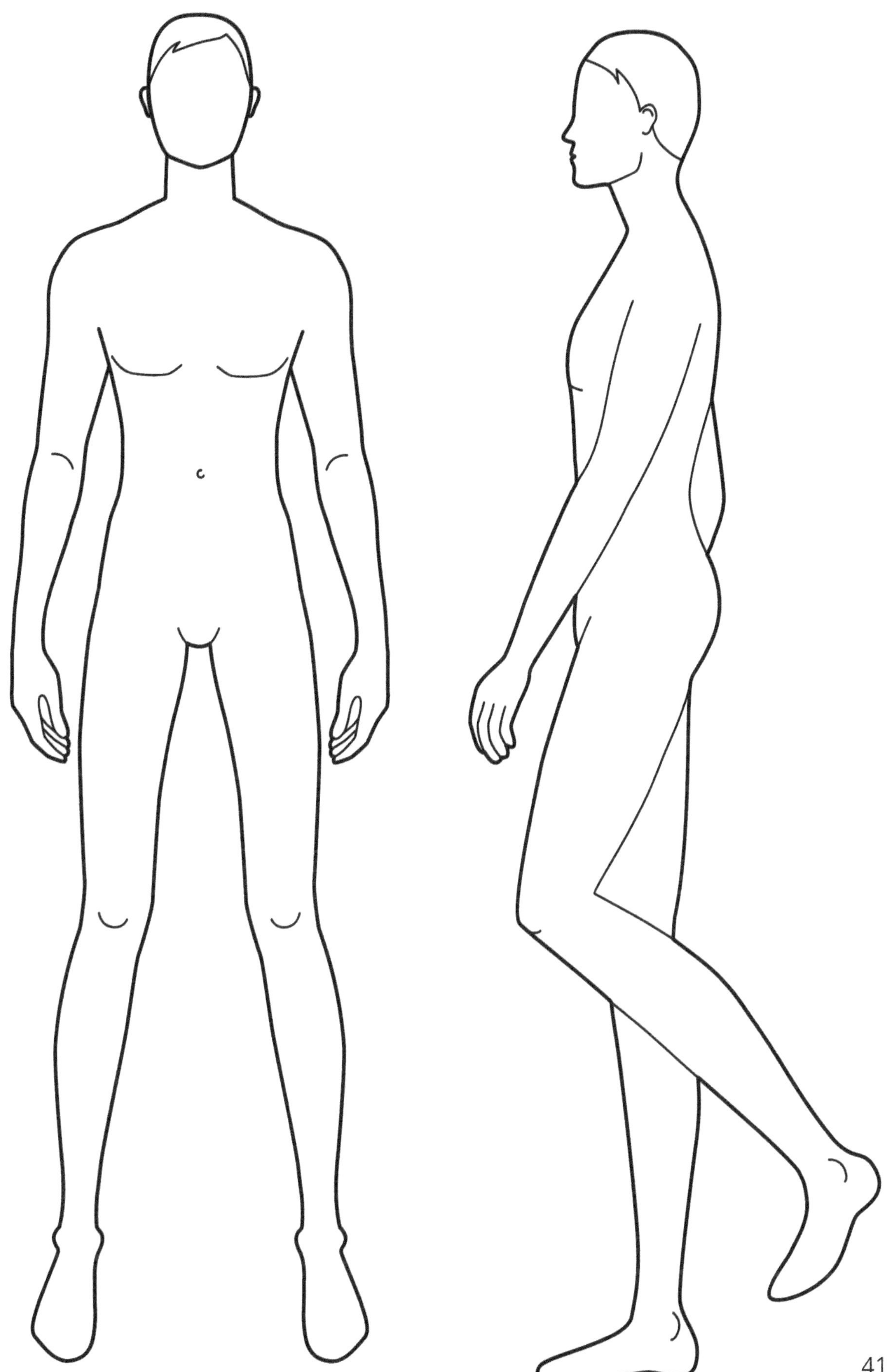

Deine Notizen & Inspirationsfotos

Diese Seite ist dein persönliches Moodboard. Verwende sie, um deine Stil-Experimente zu dokumentieren, Inspirationen festzuhalten und den Verlauf deiner Designreise zu verfolgen.

- Klebe Magazin-Ausschnitte, Stoffproben oder Outfit-Skizzen ein.
- Notiere, was funktioniert hat, was du verbessern möchtest und wie du dir das Design in der Realität vorstellst.
- Halte wiederkehrende Themen oder Formen fest, die deine Ästhetik prägen.

Profi-Tipp: *Die stärksten Kollektionen entstehen oft aus kleinen Ideen. Bewahre alles auf, was dein Auge fesselt - es könnte der Keim deines nächsten großen Designs sein.*

Outfit-Inspiration: Büro-Chic und Laufsteg-Glamour

Klassischer Business-Anzug + Red-Carpet-Smoking

Büro-Chic Inspiration

Der zeitlose Business-Anzug ist das Fundament des Herrenbürostils. Ein maßgeschneiderter Anzug in Marine oder Anthrazit, kombiniert mit einem frischen weißen Hemd und einer schlichten Krawatte, vermittelt Autorität. Polierte Oxford-Schuhe und eine Ledertasche unterstreichen Professionalität. Dezente Details wie Manschettenknöpfe oder ein Einstecktuch sorgen für Eleganz ohne Übermaß.

Laufsteg-Glamour Inspiration

Nichts sagt „Red Carpet" wie ein perfekt geschnittener Smoking. Schwarz bleibt ein Klassiker, doch tiefe Edelsteintöne oder Samtstoffe verleihen dem Look Dramatik. Kombiniert mit Lackschuhen und Fliege entsteht ein klassisches Finish. Schmale Schnitte wirken modern, während zweireihige Designs zeitlose Eleganz betonen.

Mode-Praxisleitfaden & Notizen

Schnelle Skizzen halten Ideen frisch. Zögere nicht - halte das erste Bild fest, das dir in den Sinn kommt, auch wenn es grob ist. Schnelles Arbeiten führt oft zu unerwarteter Originalität.

So verwendest du diese Seite:
- Mache eine 5-Minuten-Aufwärmskizze.
- Konzentriere dich auf ein Kleidungsstück: Hemd, Hose oder Schuhe.
- Notiere Stoffwahl und Styling-Details.

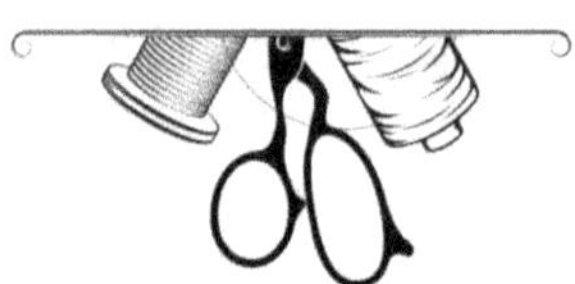

Reflexion & Notizen:
- Hat Geschwindigkeit mir geholfen, zu vereinfachen?
- Welches Element wirkt am stärksten?
- Was würde ich beim nächsten Mal verfeinern?

Profi-Tipp: *Schnelles Skizzieren verbessert Klarheit und stärkt das Bauchgefühl.*

____

____

____

____

____

____

____

____

Outfit-Inspiration: Streetstyle

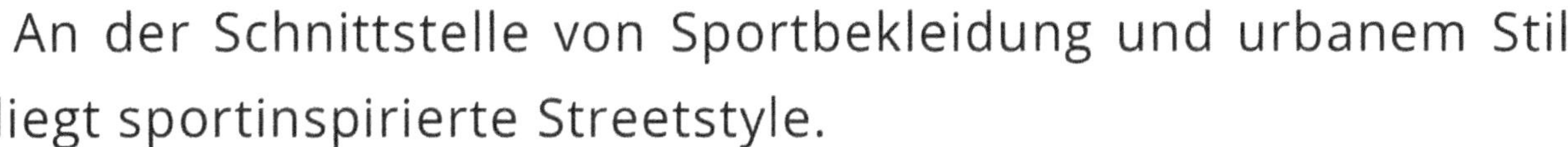

Sportlich inspirierte Streetstyle

An der Schnittstelle von Sportbekleidung und urbanem Stil liegt sportinspirierte Streetstyle.

Denk an Jogginghosen mit Bündchen, schlanke Sneakers, oversized Hoodies und Baseballkappen. Dieser Look nimmt Anleihen von der Laufbahn oder dem Fitnessstudio, übersetzt sie aber in alltagstaugliche Mode. Layering ist hier entscheidend - eine Bomberjacke über einem Hoodie oder eine Jacke mit auffälligen Seitenstreifen verleiht sofort einen modernen Akzent.

Die Anziehungskraft dieses Stils liegt in Bewegung und Komfort: leicht zu tragen, aber mit klarer Haltung.

Farben erinnern oft an Sportuniformen - Schwarz, Weiß, Rot und starke Farbblöcke.

Profi-Tipp: Stimme deine Sneakers auf ein Element des Outfits ab - sei es der Hoodie, ein Streifen auf der Hose oder die Kappe. Dieses kleine Detail sorgt für Harmonie und lässt den Look bewusst statt zufällig wirken.

Trends

Inspiration

Textilien

Notizen

Details

Stoffmuster

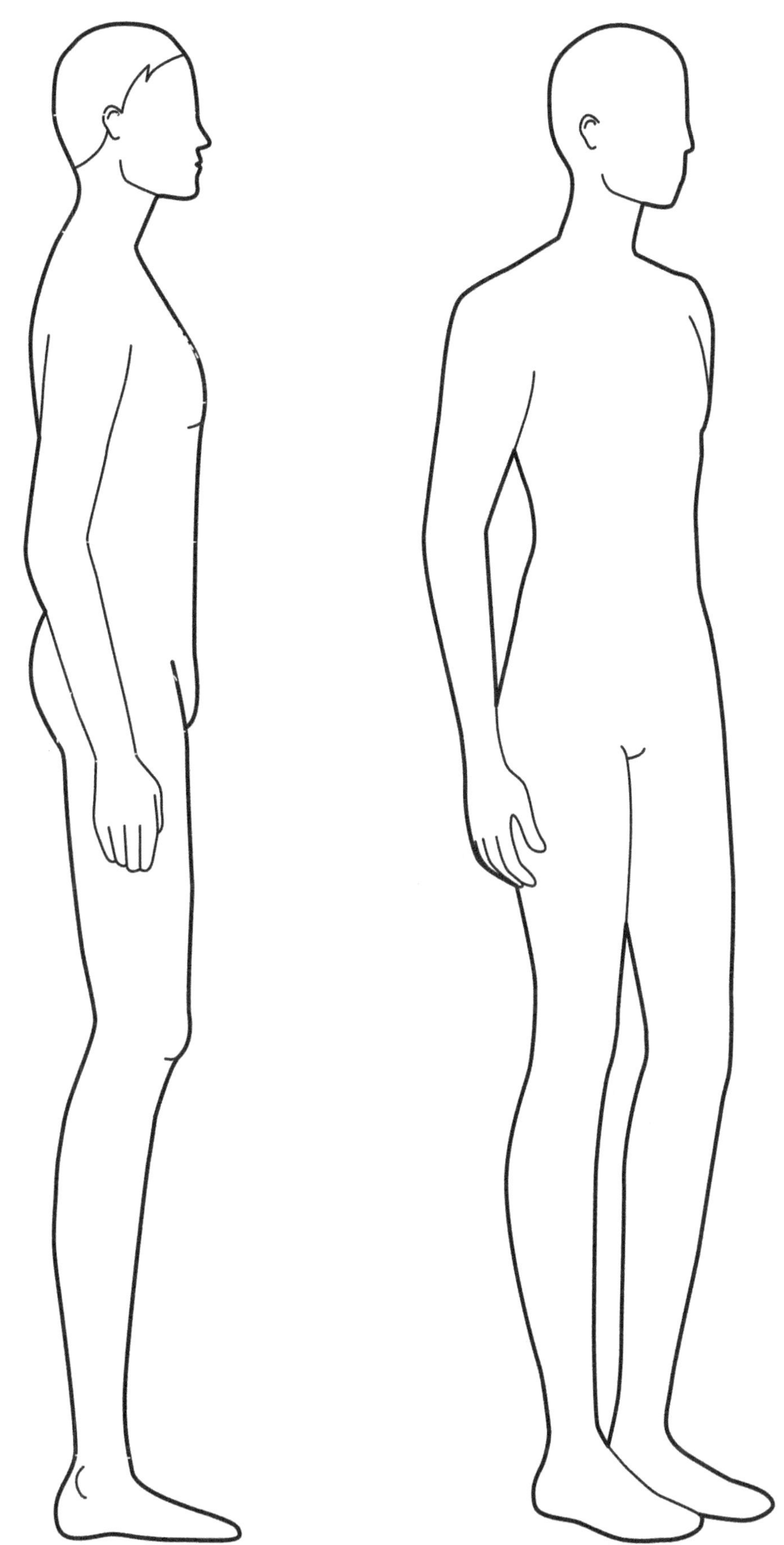

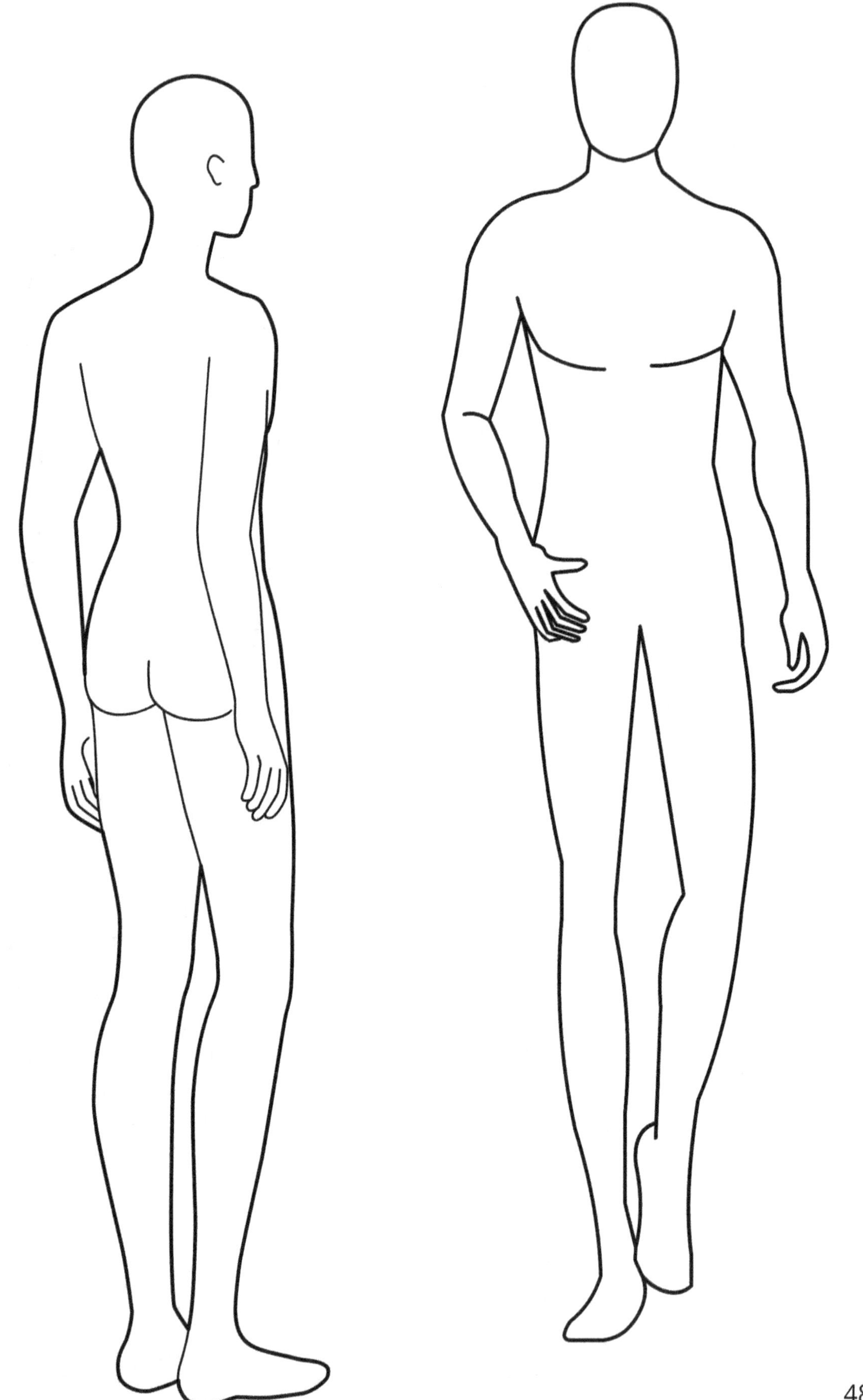

Deine Notizen & Inspirationsfotos

Diese Seite ist dein persönliches Moodboard. Verwende sie, um deine Stil-Experimente zu dokumentieren, Inspirationen festzuhalten und den Verlauf deiner Designreise zu verfolgen.

- Klebe Magazin-Ausschnitte, Stoffproben oder Outfit-Skizzen ein.
- Notiere, was funktioniert hat, was du verbessern möchtest und wie du dir das Design in der Realität vorstellst.
- Halte wiederkehrende Themen oder Formen fest, die deine Ästhetik prägen.

Profi-Tipp*: Die stärksten Kollektionen entstehen oft aus kleinen Ideen. Bewahre alles auf, was dein Auge fesselt - es könnte der Keim deines nächsten großen Designs sein.*

Outfit-Inspiration:
Büro-Chic und Laufsteg-Glamour

Minimalistische Arbeitsmode + Futuristische Herrenmode

Büro-Chic Inspiration

Minimalismus in der Herrenbüromode lebt von klaren Linien und gedämpften Farben. Kombiniere schmal geschnittene Hosen mit einem leichten Pullover oder einem klaren Hemd in Uni-Tönen. Schuhe sollten schlicht bleiben - Loafer oder Ledersneakers verleihen Eleganz ohne übertriebene Förmlichkeit. Dieser Look vermittelt Fokus, Einfachheit und moderne Professionalität.

Laufsteg-Glamour Inspiration

Futuristische Herrenmode ist mutig und experimentell.
Denk an metallische Stoffe, skulpturale Oberbekleidung oder scharfe, asymmetrische Schnitte. Silber, Chrom oder holografische Akzente erzeugen einen avantgardistischen Effekt. Schuhe können unkonventionelle Materialien enthalten - Mode trifft Innovation.

Mode-Praxisleitfaden & Notizen

Kleidung vermittelt Charakter. Verwende diese Seite, um ein Outfit zu entwerfen, das von einem Lebensstil, einer Stimmung oder Situation inspiriert ist.

So verwendest du diese Seite:

- Wähle ein Thema (Sport, Reisen, urbanes Leben).
- Drücke es durch Schnitte, Accessoires und Stoffe aus.
- Schreibe auf, wie jedes Detail das Thema unterstützt.

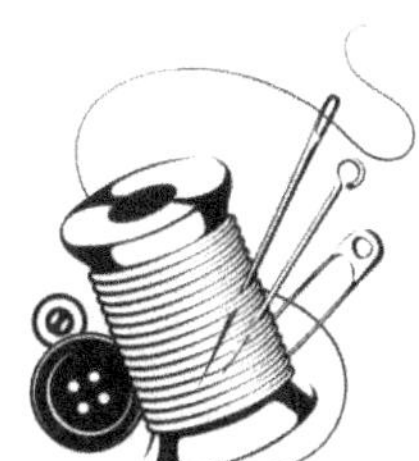

Reflexion & Notizen:

- Habe ich die gewählte Stimmung eingefangen?
- Welcher Teil des Outfits erzählt die Geschichte am besten?
- Wie könnte ich das Konzept weiterentwickeln?

Profi-Tipp: *Herrenstil wird stark, wenn er Identität widerspiegelt.*

Outfit-Inspiration: Streetstyle

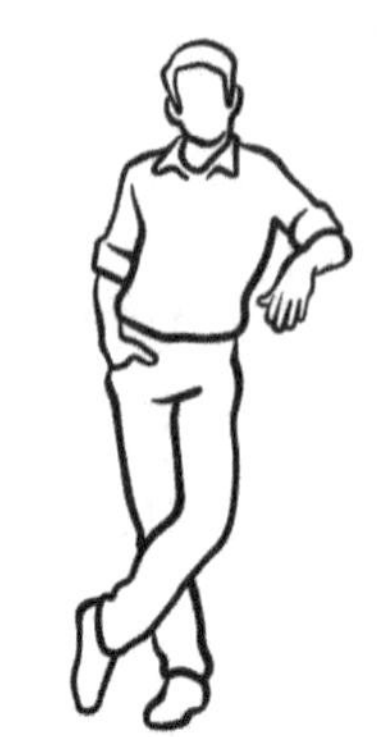

Oversized & Lässig

Oversized Streetstyle basiert auf Komfort, macht aber ein starkes Statement. Stell dir einen weiten Hoodie, extraweite Jeans und klobige Sneakers vor.

Ein Bucket Hat oder eine übergroße Beanie ergänzen den Look mit urbaner Lässigkeit.

Diese Silhouette wird besonders von jüngeren Generationen geschätzt - als Ausdruck von Freiheit und Leichtigkeit.
Aber es geht nicht nur um weite Kleidung: Die Proportionen müssen bewusst gestaltet werden.

Extrem weite Hosen und ein oversized Oberteil können die Figur „erschlucken", daher wird oft nur ein weites Element mit einem schmaleren kombiniert. Oversized-Outfits geben Raum für Bewegung und Selbstausdruck und wirken besonders modern, wenn sie mit Layering oder auffälligen Accessoires kombiniert werden.

Profi-Tipp: *Spiele mit Proportionen. Wenn dein Hoodie sehr oversized ist, kombiniere ihn mit schmaleren Jogginghosen. Wenn die Hose weit ist, wähle eine kürzere oder figurbetontere Jacke. So bleibt der Look modisch, aber tragbar.*

Trends

Inspiration

Textilien

Notizen

Details

Stoffmuster

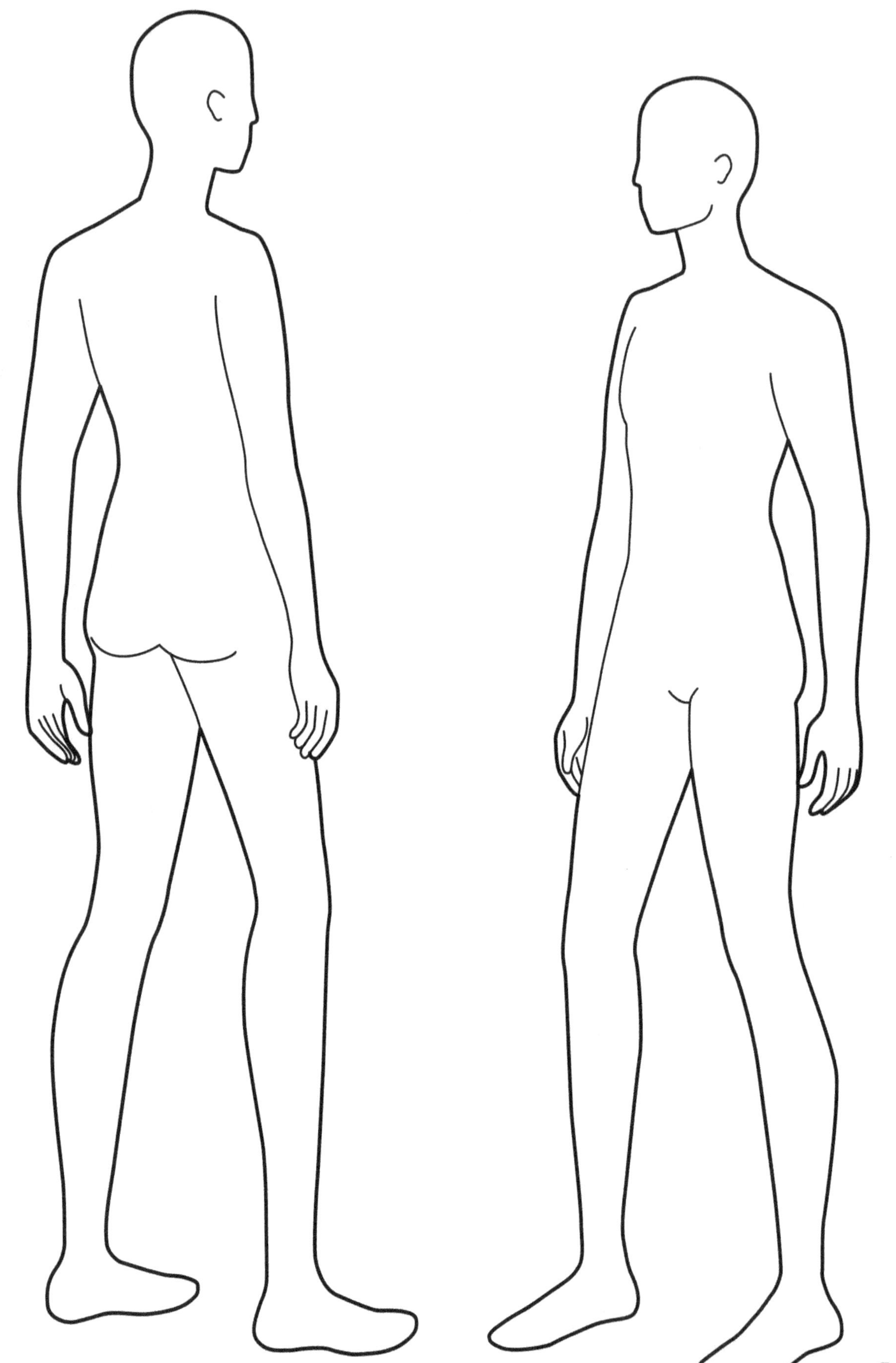

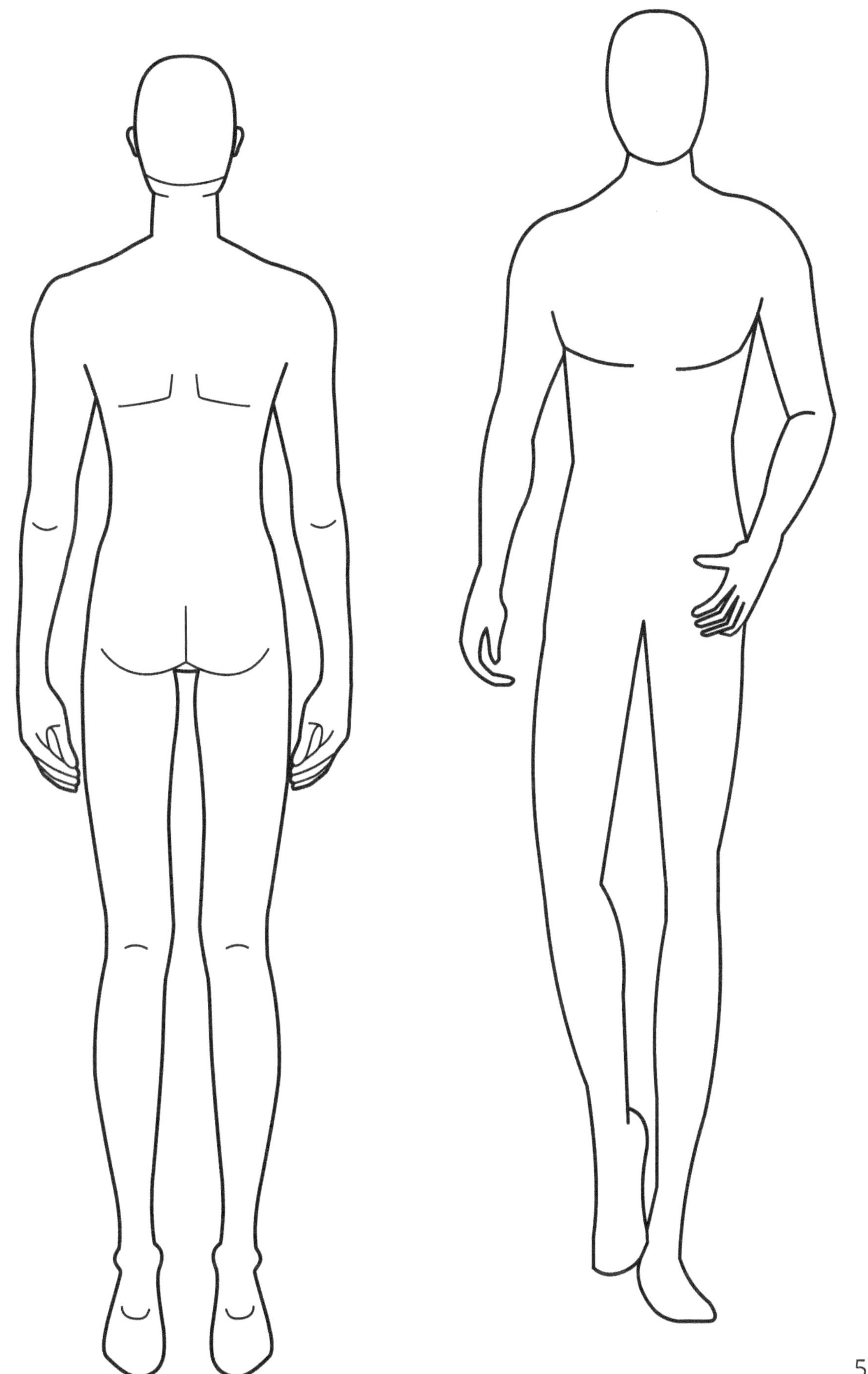

Deine Notizen & Inspirationsfotos

Diese Seite ist dein persönliches Moodboard. Verwende sie, um deine Stil-Experimente zu dokumentieren, Inspirationen festzuhalten und den Verlauf deiner Designreise zu verfolgen.

- Klebe Magazin-Ausschnitte, Stoffproben oder Outfit-Skizzen ein.
- Notiere, was funktioniert hat, was du verbessern möchtest und wie du dir das Design in der Realität vorstellst.
- Halte wiederkehrende Themen oder Formen fest, die deine Ästhetik prägen.

Profi-Tipp: *Die stärksten Kollektionen entstehen oft aus kleinen Ideen. Bewahre alles auf, was dein Auge fesselt - es könnte der Keim deines nächsten großen Designs sein.*

Outfit-Inspiration:
Büro-Chic und Laufsteg-Glamour

Kreativer Profi + Festival-Glam

Büro-Chic Inspiration

In kreativen Branchen können Männer ausdrucksstärkere Büro-Looks tragen. Gemusterte Hemden, legere Blazer oder Hosen in unerwarteten Farben bringen Persönlichkeit in den Arbeitsalltag. Leichte Schals oder strukturierte Strickteile verleihen Individualität, ohne Professionalität zu verlieren.

Laufsteg-Glamour Inspiration

Festival-Glam ist energiegeladen und eklektisch. Paillettenjacken, verzierte Jeans und auffällige Drucke dominieren.

Fransen, Stickereien und metallische Accessoires verstärken die festliche Stimmung.

Diese Looks leben vom Licht - sie strahlen Selbstbewusstsein und Lebensfreude aus.

Mode-Praxisleitfaden & Notizen

Innovation beginnt mit Kontrasten. Diese Seite ist dein Labor, um unterschiedliche Stilcodes zu mischen und Grenzen zu testen.

So verwendest du diese Seite:
- Kombiniere Lässig und Elegant (z. B. Hoodie mit Blazer).
- Experimentiere mit oversized und maßgeschneiderten Schnitten.
- Notiere, was kollidiert und was harmoniert.

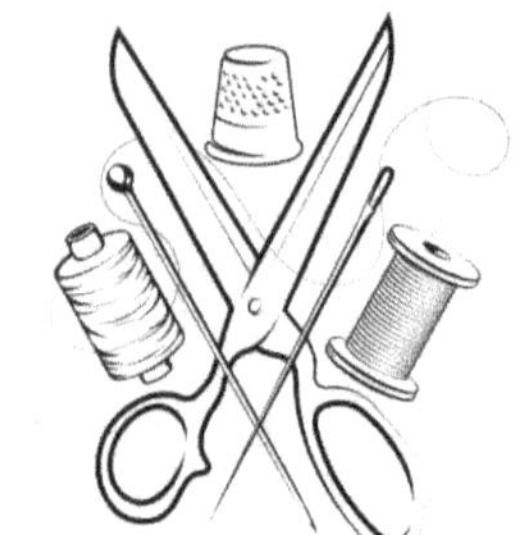

Reflexion & Notizen:
- Welche Kombination hat mich am meisten überrascht?
- Fühlte sich der Mix ausgewogen oder chaotisch an?
- Würde dieses Design im echten Leben funktionieren?

Profi-Tipp: *Unerwartete Mischungen führen oft zu frischen Herrenlooks.*

Outfit-Inspiration: Streetstyle

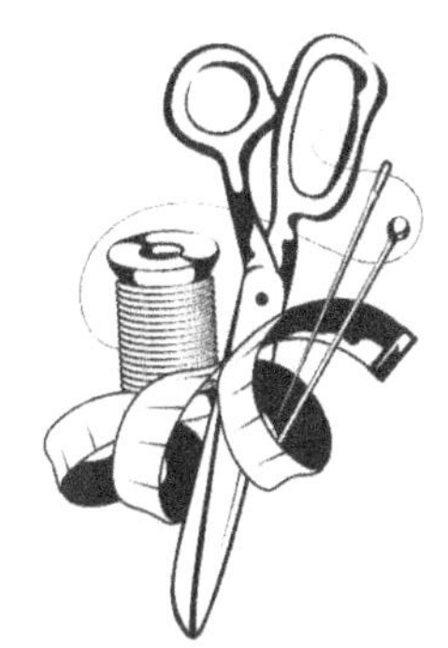

Denim Street Style

Denim ist seit Jahrzehnten ein Grundpfeiler der Streetstyle - entscheidend ist die Vielfalt.

Zerrissene Jeans, ausgewaschene Jacken, Patchwork-Designs und gemischte Waschungen halten den Look frisch und experimentell.

Layering über grafischen T-Shirts oder Hoodies schafft einen lässigen, aber stilvollen Eindruck.

Dieser Stil feiert das „getragen"-Gefühl - je einzigartiger und abgenutzter ein Stück wirkt, desto cooler erscheint es.

Doppel-Denim funktioniert, wenn man Kontraste setzt: Eine hellere Jacke mit dunklerer Jeans oder umgekehrt. Accessoires wie Ketten, Caps oder Sneakers runden das Outfit ab.

Denim-Streetstyle ist perfekt für entspannte Tage mit einem Hauch rauer Coolness.

Profi-Tipp: Vermeide exakt gleiche Denim-Töne. Spiele stattdessen mit hell-dunklen Kontrasten oder füge ein auffälliges Teil (z. B. einen bunten Hoodie) hinzu, um Monotonie zu brechen.

Trends

Inspiration

Textilien

Notizen

Details

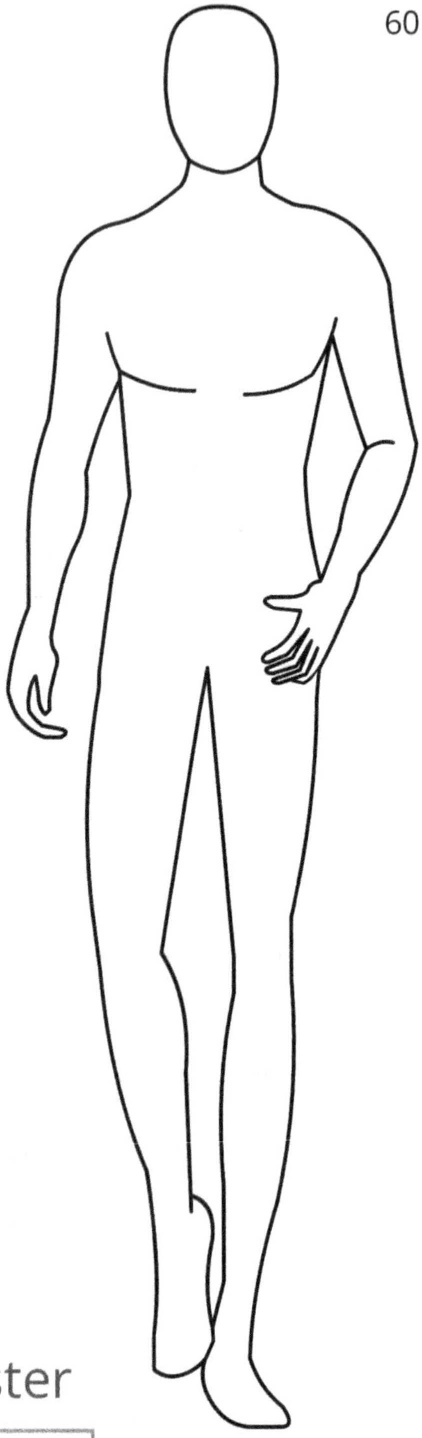

Stoffmuster

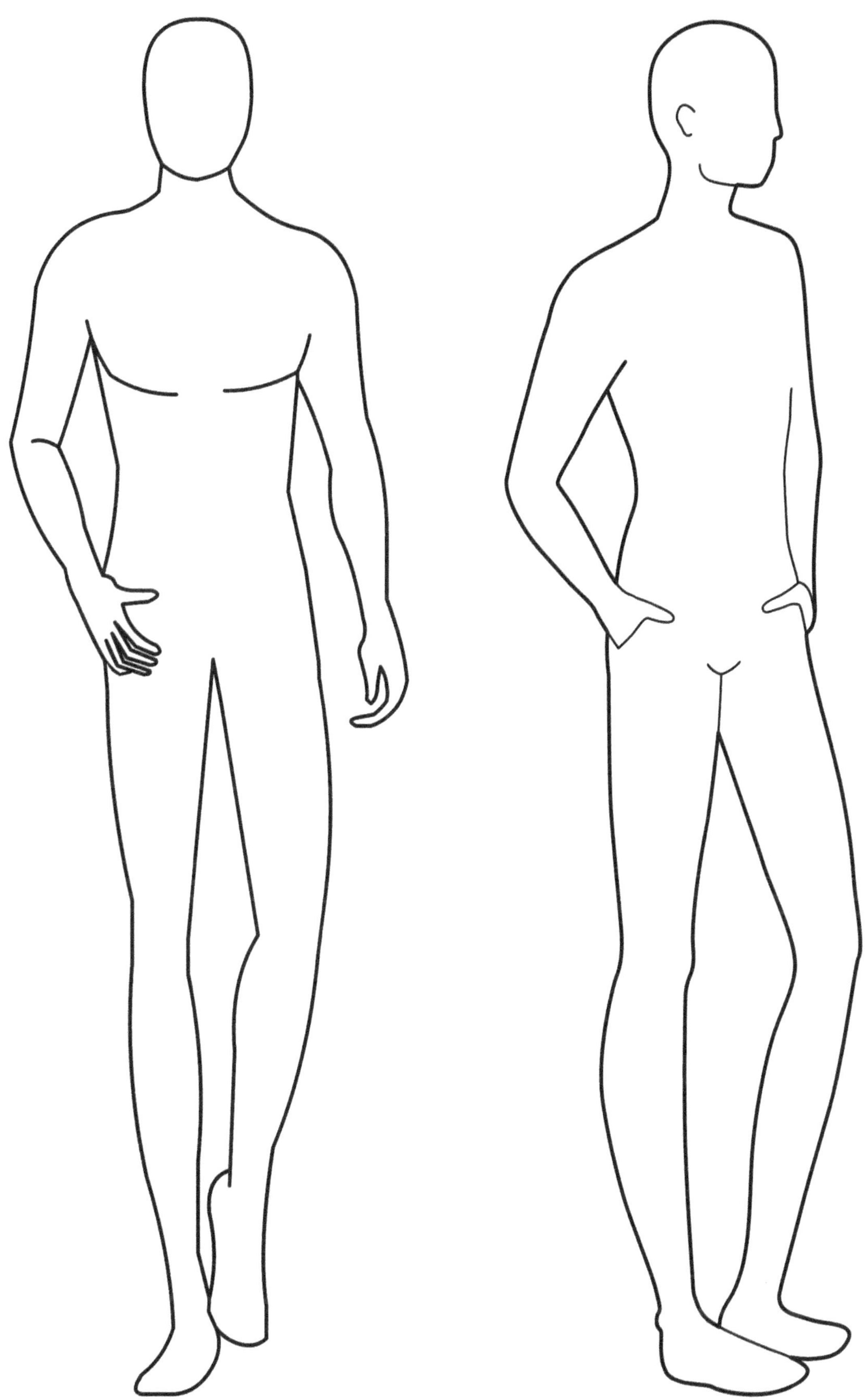

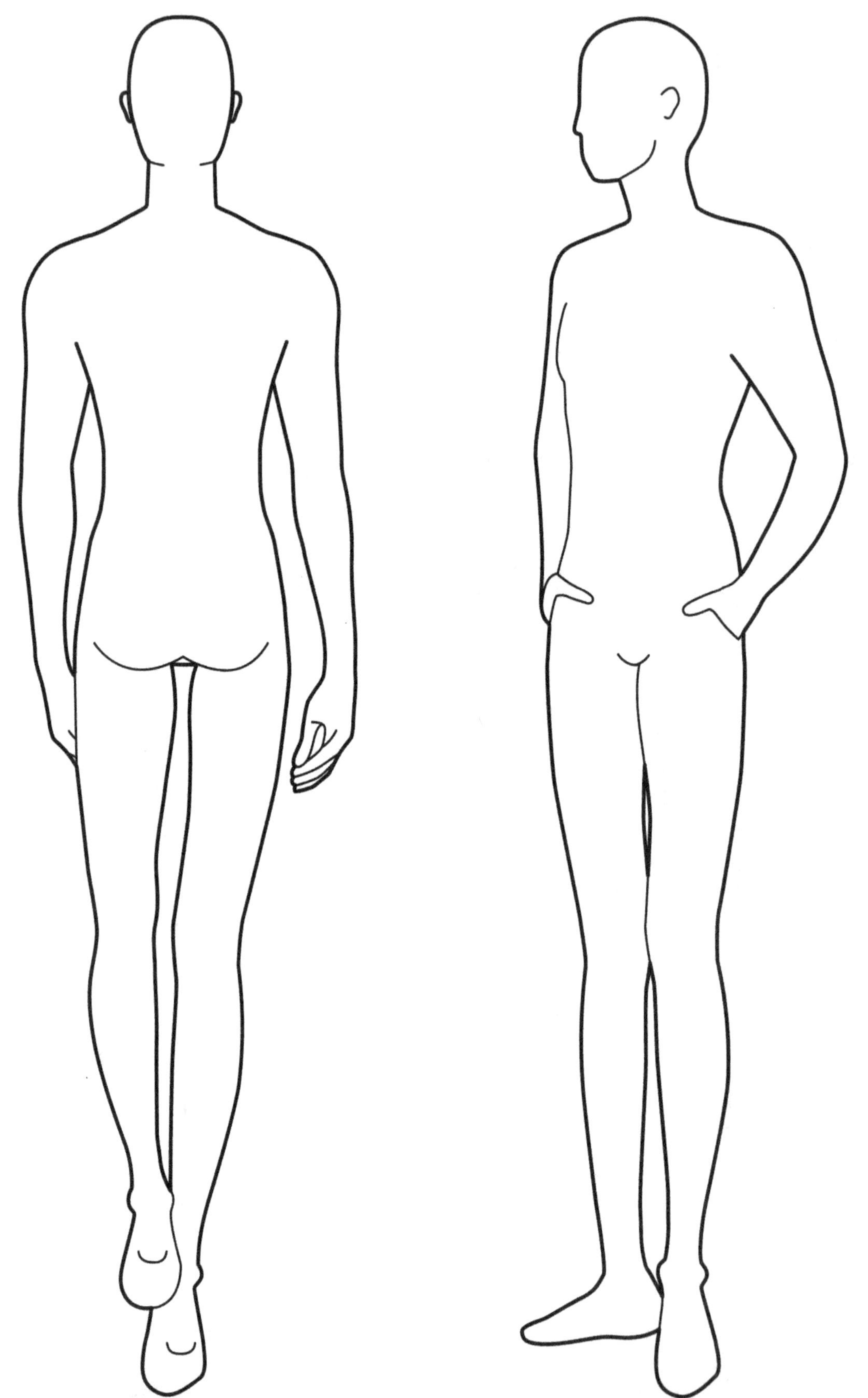

Deine Notizen & Inspirationsfotos

Diese Seite ist dein persönliches Moodboard. Verwende sie, um deine Stil-Experimente zu dokumentieren, Inspirationen festzuhalten und den Verlauf deiner Designreise zu verfolgen.

- Klebe Magazin-Ausschnitte, Stoffproben oder Outfit-Skizzen ein.
- Notiere, was funktioniert hat, was du verbessern möchtest und wie du dir das Design in der Realität vorstellst.
- Halte wiederkehrende Themen oder Formen fest, die deine Ästhetik prägen.

Profi-Tipp: Die stärksten Kollektionen entstehen oft aus kleinen Ideen. Bewahre alles auf, was dein Auge fesselt - es könnte der Keim deines nächsten großen Designs sein.

Outfit-Inspiration:
Büro-Chic und Laufsteg-Glamour

Power Suiting + Nachhaltige Menswear-Glamour

Büro-Chic Inspiration

Power-Suiting lebt von scharfer Schneiderkunst und einer souveränen Ausstrahlung. Strukturierte Blazer mit breiten Schultern, getragen über enganliegenden Hemden und schmalen Hosen, vermitteln Autorität. Dunkle Farbtöne wie Marineblau oder Schwarz, kombiniert mit polierten Schuhen, vollenden das Ensemble. Accessoires bleiben dezent, aber gezielt gewählt.

Laufsteg-Glamour Inspiration

Nachhaltiger Glamour beweist, dass Herrenmode verantwortungsbewusst und zugleich stilvoll sein kann. Outfits aus recycelten Stoffen oder natürlichen Fasern schaffen einen echten Laufsteg-Effekt. Neutrale Töne, klare Schnitte und umweltbewusste Accessoires zeigen ethischen Luxus ohne Kompromisse.

Mode-Praxisleitfaden & Notizen

Herrenmode bedeutet auch Funktionalität. Kleidung sollte Stil, Komfort und Zweckmäßigkeit vereinen.

So nutzt du diese Seite:

- Skizziere ein Outfit für einen bestimmten Anlass (Arbeit, Fitnessstudio, Wochenende).
- Achte auf Bewegungsfreiheit und Tragekomfort.
- Füge Notizen zu Stoffen und Praktikabilität hinzu.

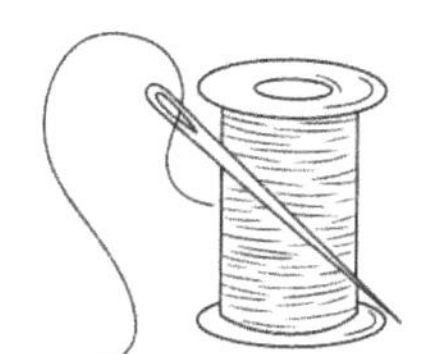

Reflexion & Notizen:

- Habe ich Komfort und Stil vereint?
- Welches Element bietet den größten Nutzen?
- Wie könnte ich das Design anpassen?

Profi-Tipp: *Funktionalität verleiht Herrenmode dauerhafte Attraktivität.*

Outfit-Inspiration: Streetstyle

Monochrome Streetstyle

Der monochrome Streetstyle-Look wirkt elegant, kraftvoll und überraschend vielseitig. Ein Outfit in Schwarz, Weiß oder Erdtönen schafft ein harmonisches und stilvolles Gesamtbild. Der Trick liegt im Spiel mit Texturen: matte Baumwoll-Hoodies, glänzende Nylonjacken und Ledersneaker verleihen Tiefe, auch wenn die Farben gleich bleiben.

Monochrome Outfits wirken futuristisch, durchdacht und sehr fotogen. Mit den passenden Accessoires lassen sie sich sowohl lässig als auch edel stylen. Komplett schwarze Outfits wirken stark und urban, während ganz in Weiß Frische und Minimalismus ausstrahlt.

Profi-Tipp: *Monochrom heißt nicht langweilig - spiele mit verschiedenen Materialien (Denim, Nylon, Wolle, Leder), um Dynamik zu erzeugen. Accessoires wie Caps, Gürtel oder Ketten sorgen für subtile Kontraste, ohne das Konzept zu brechen.*

Trends

Inspiration

Textilien

Notizen

Details

Stoffmuster

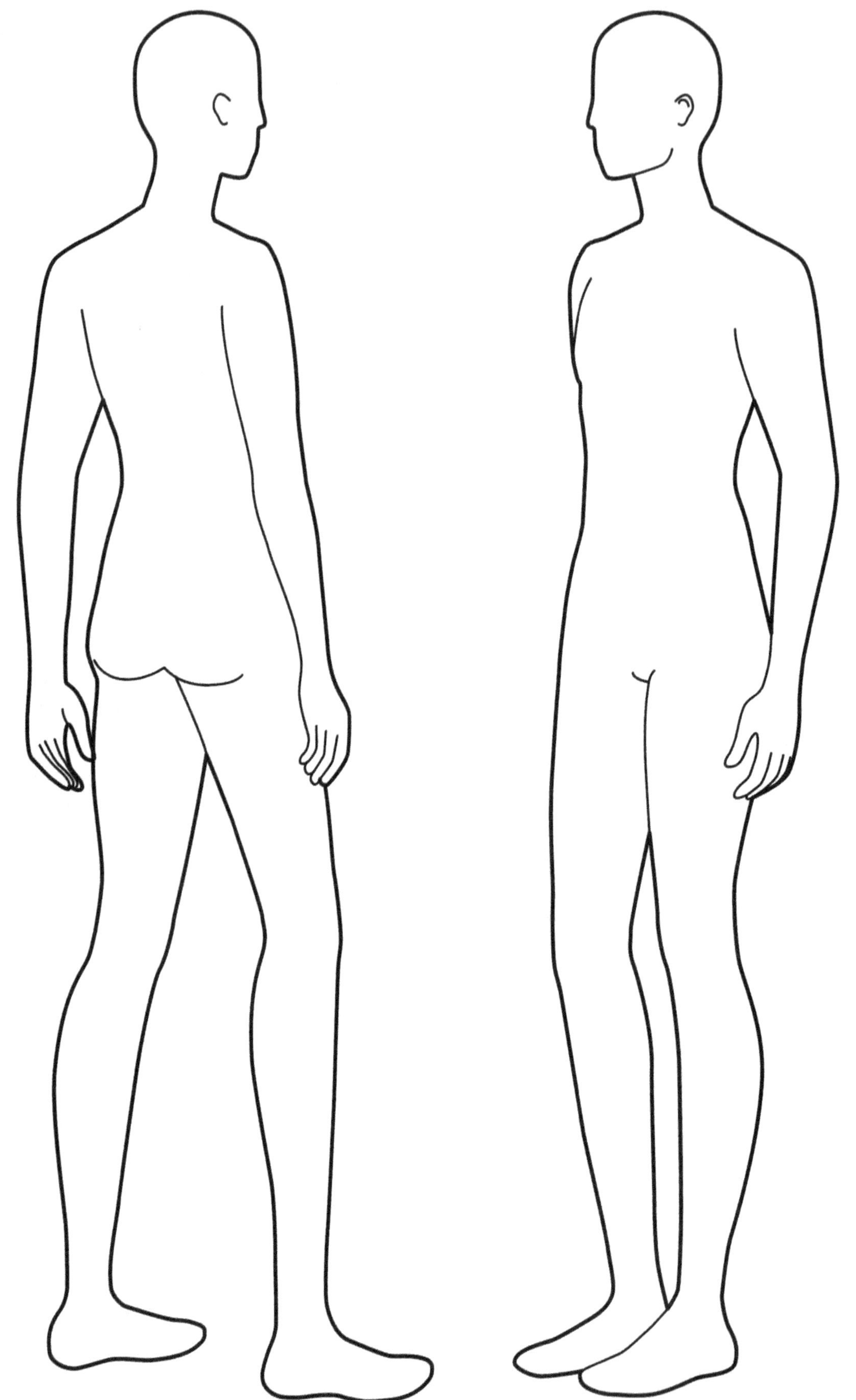

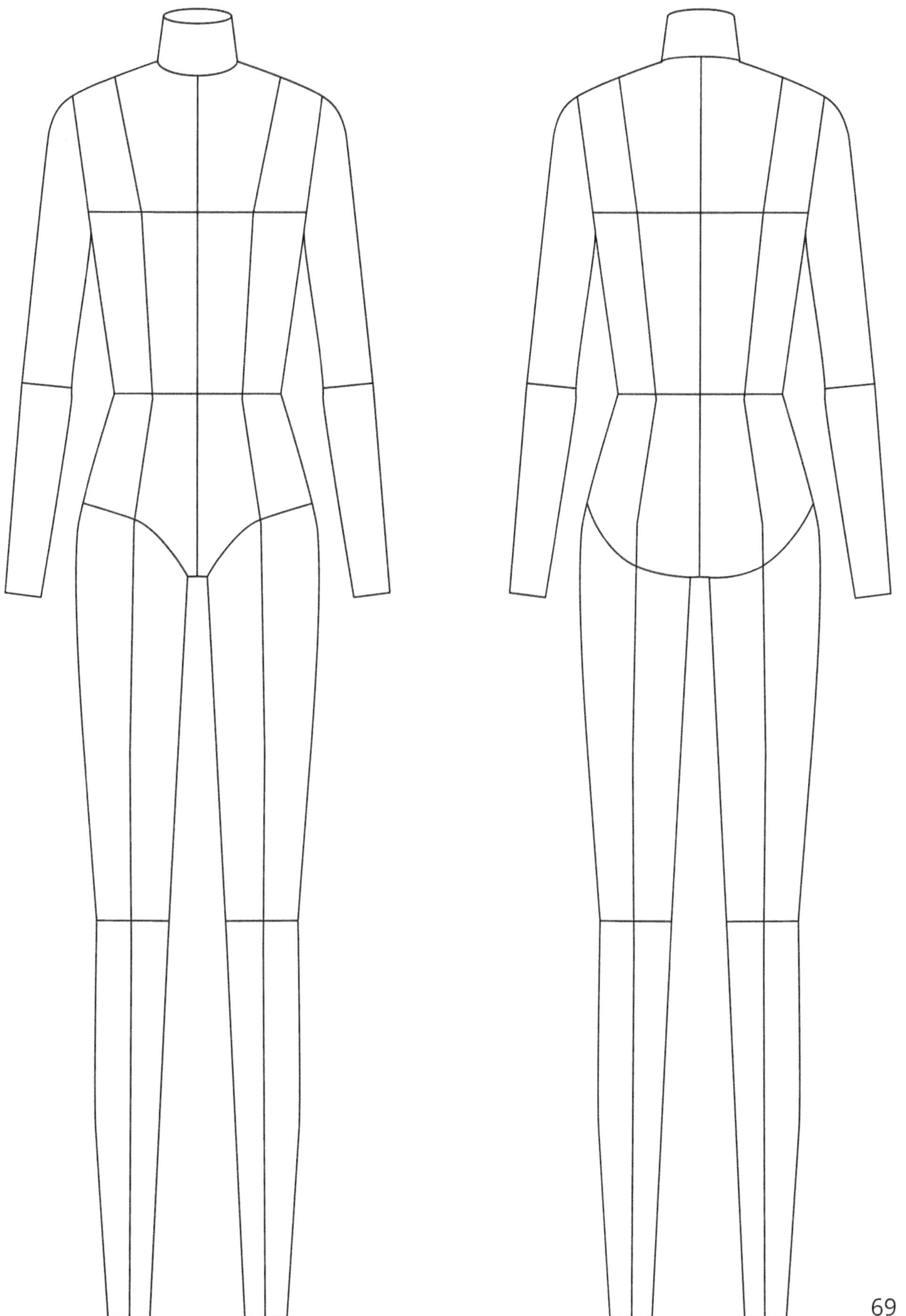

Deine Notizen & Inspirationsfotos 70

Diese Seite ist dein persönliches Moodboard. Verwende sie, um deine Stil-Experimente zu dokumentieren, Inspirationen festzuhalten und den Verlauf deiner Designreise zu verfolgen.

- Klebe Magazin-Ausschnitte, Stoffproben oder Outfit-Skizzen ein.
- Notiere, was funktioniert hat, was du verbessern möchtest und wie du dir das Design in der Realität vorstellst.
- Halte wiederkehrende Themen oder Formen fest, die deine Ästhetik prägen.

Profi-Tipp: *Die stärksten Kollektionen entstehen oft aus kleinen Ideen. Bewahre alles auf, was dein Auge fesselt - es könnte der Keim deines nächsten großen Designs sein.*

Outfit-Inspiration:
Büro-Chic und Laufsteg-Glamour

Casual Friday + Haute Couture Menswear

Büro-Chic Inspiration

Casual Fridays erlauben entspannte Eleganz. Dunkle Jeans kombiniert mit einem Blazer und einem frischen Hemd schaffen das perfekte Gleichgewicht. Loafer oder Chelsea-Boots veredeln den Look, während Accessoires wie ein Ledergürtel oder eine Uhr Professionalität bewahren. Hier treffen Komfort und Stil aufeinander.

Laufsteg-Glamour Inspiration

Haute Couture für Männer steht für Handwerkskunst und Kreativität. Handgenähte Details, maßgeschneiderte Schnitte und luxuriöse Stoffe wie Seide oder Samt schaffen beeindruckende Ensembles. Jacken mit breiten Revers oder aufwendigen Stickereien verwandeln Alltagskleidung in Kunst.

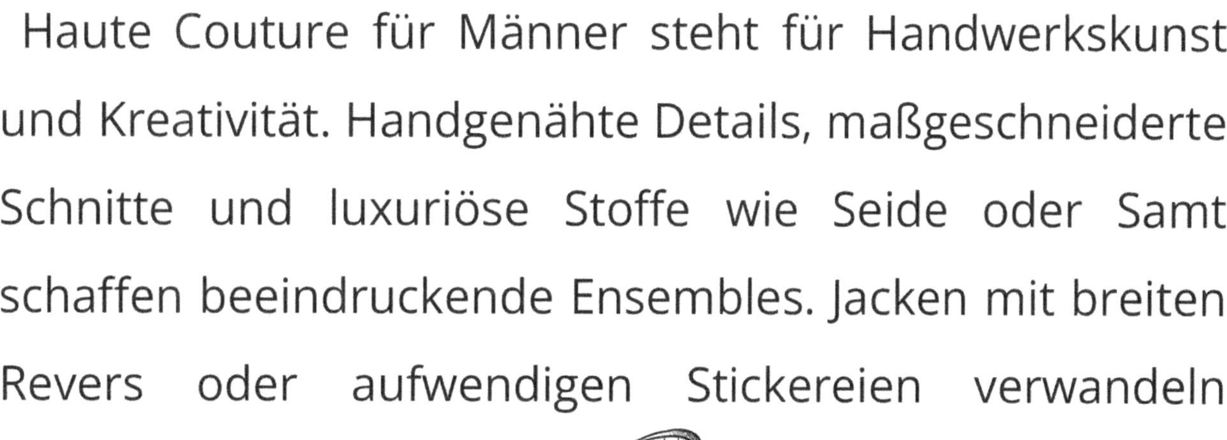

Mode-Praxisleitfaden & Notizen

Texturen verleihen Herrenoutfits Tiefe. Wolle, Denim, Leder oder Strick können den gesamten Look verändern.

So nutzt du diese Seite:
- Skizziere ein mehrschichtiges Outfit und beschrifte die Stoffe.
- Kombiniere schwere und leichte Materialien (Wollmantel mit Baumwollshirt).
- Notiere, wie sie miteinander wirken.

Reflexion & Notizen:
- Welche Kombination hat am besten funktioniert?
- Haben die Texturen die Silhouette verbessert?
- Wie würde ich die Skizze optimieren?

Profi-Tipp: Die Wahl der Texturen verwandelt einfache Designs in starke Statements.

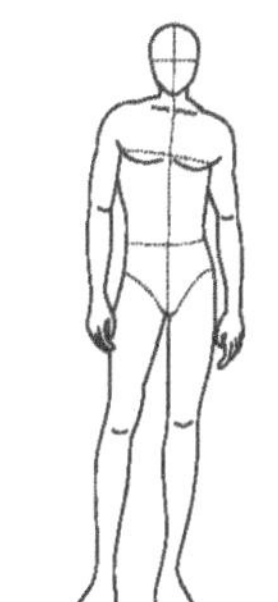

Outfit-Inspiration: Streetstyle

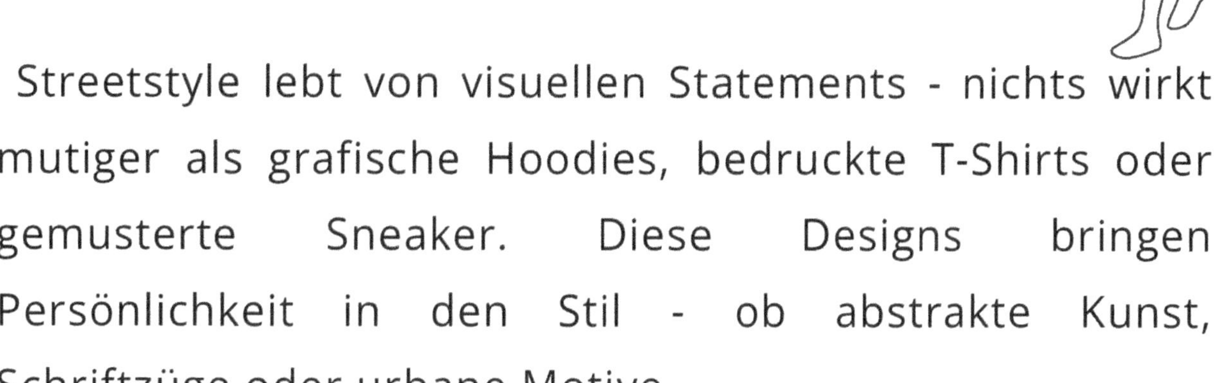

Grafische & Auffällige Prints

Streetstyle lebt von visuellen Statements - nichts wirkt mutiger als grafische Hoodies, bedruckte T-Shirts oder gemusterte Sneaker. Diese Designs bringen Persönlichkeit in den Stil - ob abstrakte Kunst, Schriftzüge oder urbane Motive.

Kombiniere auffällige Prints mit neutralen Basics, um das Outfit im Gleichgewicht zu halten. Ein bunter Hoodie passt perfekt zu schwarzen Jogginghosen und schlichten Sneakern. Das Ziel: ein Statement-Piece hervorheben und den Rest schlicht halten.

Profi-Tipp: *Ein Hingucker reicht. Wenn du einen auffälligen Hoodie trägst, halte Hose und Schuhe neutral - so bleibt der Look klar und ausdrucksstark.*

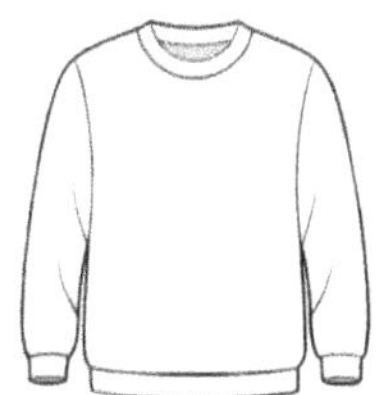

Trends

Inspiration

Textilien

Notizen

Details

Stoffmuster

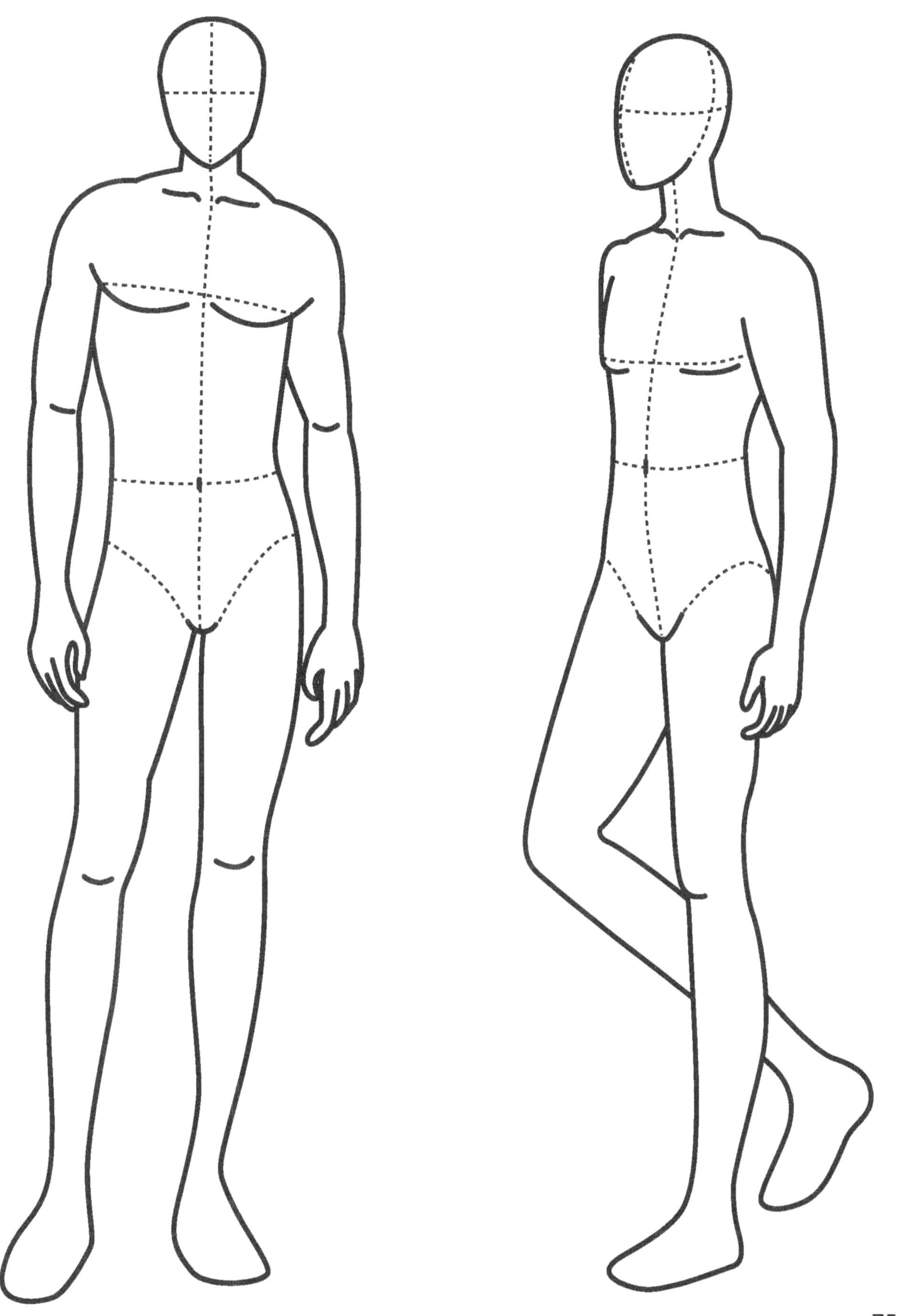

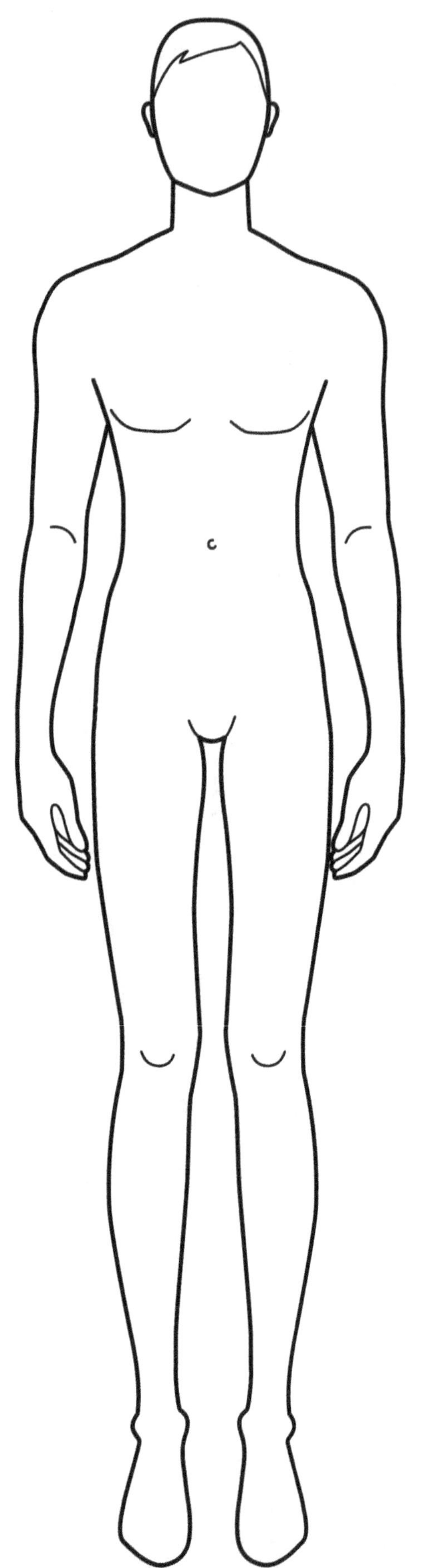
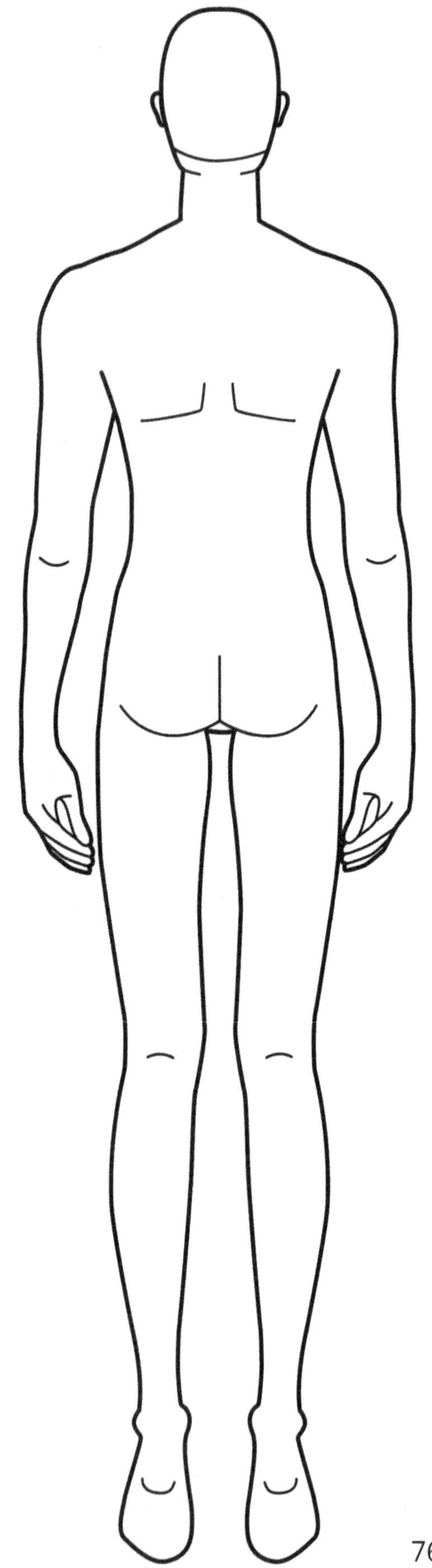

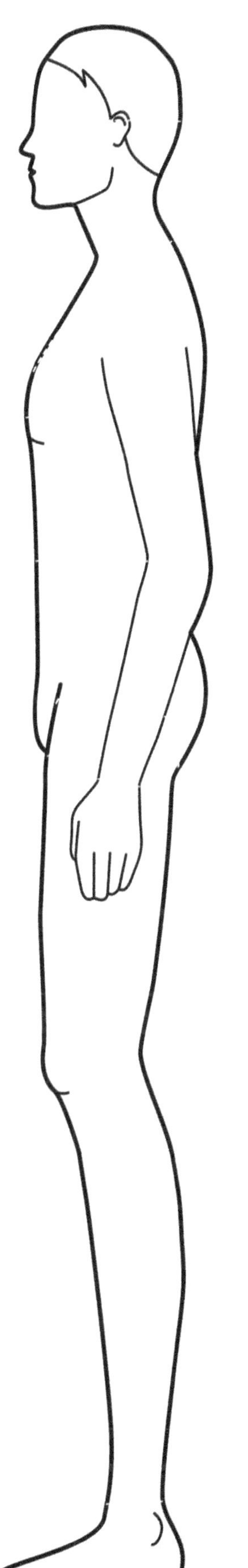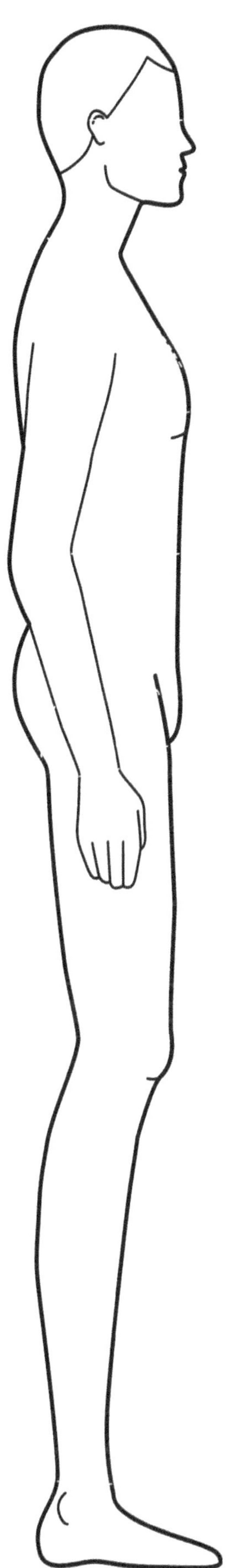

Deine Notizen & Inspirationsfotos

Diese Seite ist dein persönliches Moodboard. Verwende sie, um deine Stil-Experimente zu dokumentieren, Inspirationen festzuhalten und den Verlauf deiner Designreise zu verfolgen.

- Klebe Magazin-Ausschnitte, Stoffproben oder Outfit-Skizzen ein.
- Notiere, was funktioniert hat, was du verbessern möchtest und wie du dir das Design in der Realität vorstellst.
- Halte wiederkehrende Themen oder Formen fest, die deine Ästhetik prägen.

Profi-Tipp: *Die stärksten Kollektionen entstehen oft aus kleinen Ideen. Bewahre alles auf, was dein Auge fesselt - es könnte der Keim deines nächsten großen Designs sein.*

Outfit-Inspiration:
Büro-Chic und Laufsteg-Glamour

Monochromer Office Style + Minimal Glam

Büro-Chic Inspiration

Eine monochrome Farbpalette sorgt sofort für Harmonie. Ein komplett schwarzes, graues oder marineblaues Outfit mit unterschiedlichen Materialien wirkt professionell und modern. Ein Wollblazer, Baumwollhemd und Ledergürtel in derselben Farbwelt zeigen Raffinesse durch Schlichtheit.

Laufsteg-Glamour Inspiration

Minimaler Glamour für Männer ist kraftvoll und edel. Maßgeschneiderte Anzüge oder strukturierte Mäntel in kräftigen Uni-Farben betonen klare Linien. Ein einziges auffälliges Accessoire - etwa ein metallischer Gürtel oder besondere Schuhe - setzt den perfekten Akzent. Schönheit entsteht hier durch Zurückhaltung.

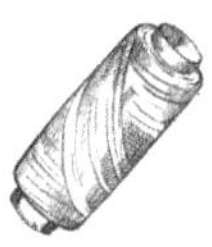

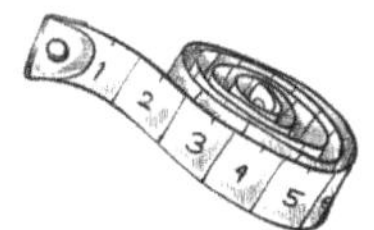

Mode-Praxisleitfaden & Notizen

Accessoires prägen Herrenmode stärker, als man denkt. Nutze diese Seite, um zu sehen, wie sie den Look verändern.

So nutzt du diese Seite:

- Beginne mit einem Basis-Outfit (Hemd + Hose).
- Füge 2-3 Accessoires hinzu (Uhr, Tasche, Hut, Schuhe).
- Notiere, welche Variante am stärksten wirkt.

Reflexion & Notizen:

- Welches Accessoire verleiht den meisten Charakter?
- Hat es das Outfit überladen oder verbessert?
- Wie könnte ich die Balance verfeinern?

Profi-Tipp: *Ein einziges Accessoire kann aus einem schlichten Look einen ikonischen machen.*

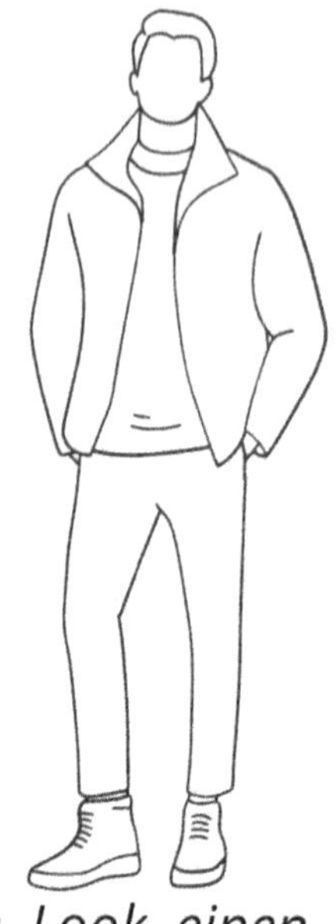

____

____

____

____

____

____

____

____

Outfit-Inspiration: Streetstyle

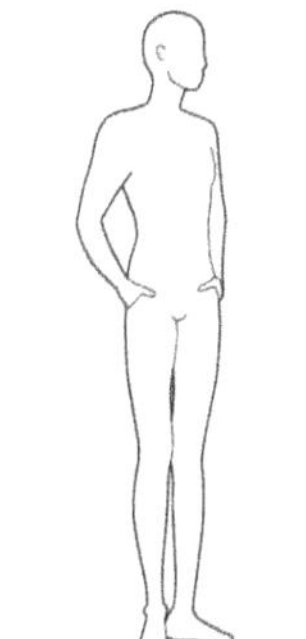

Militärisch inspirierte Streetstyle

Cargo-Hosen, Tarnmuster, Utility-Jacken und Combat-Boots bringen einen robusten, taktischen Stil in die Streetstyle-Welt. Dieser Look basiert auf Funktionalität - große Taschen, strapazierfähige Stoffe und erdige Farben wie Olivgrün, Khaki und Schwarz.

Doch praktisch heißt nicht langweilig: Kombiniere eine Camo-Jacke mit schmalen Jogginghosen oder Cargo-Pants mit einem schlichten Hoodie für ein modernes, kraftvolles Gesamtbild.

Profi-Tipp: *Bleib bei natürlichen Farbtönen - Oliv, Beige, Schwarz. Ergänze ein modernes Element (z. B. sportliche Sneaker), um den Look zeitgemäß zu halten.*

Trends

Inspiration

Textilien

Notizen

Details

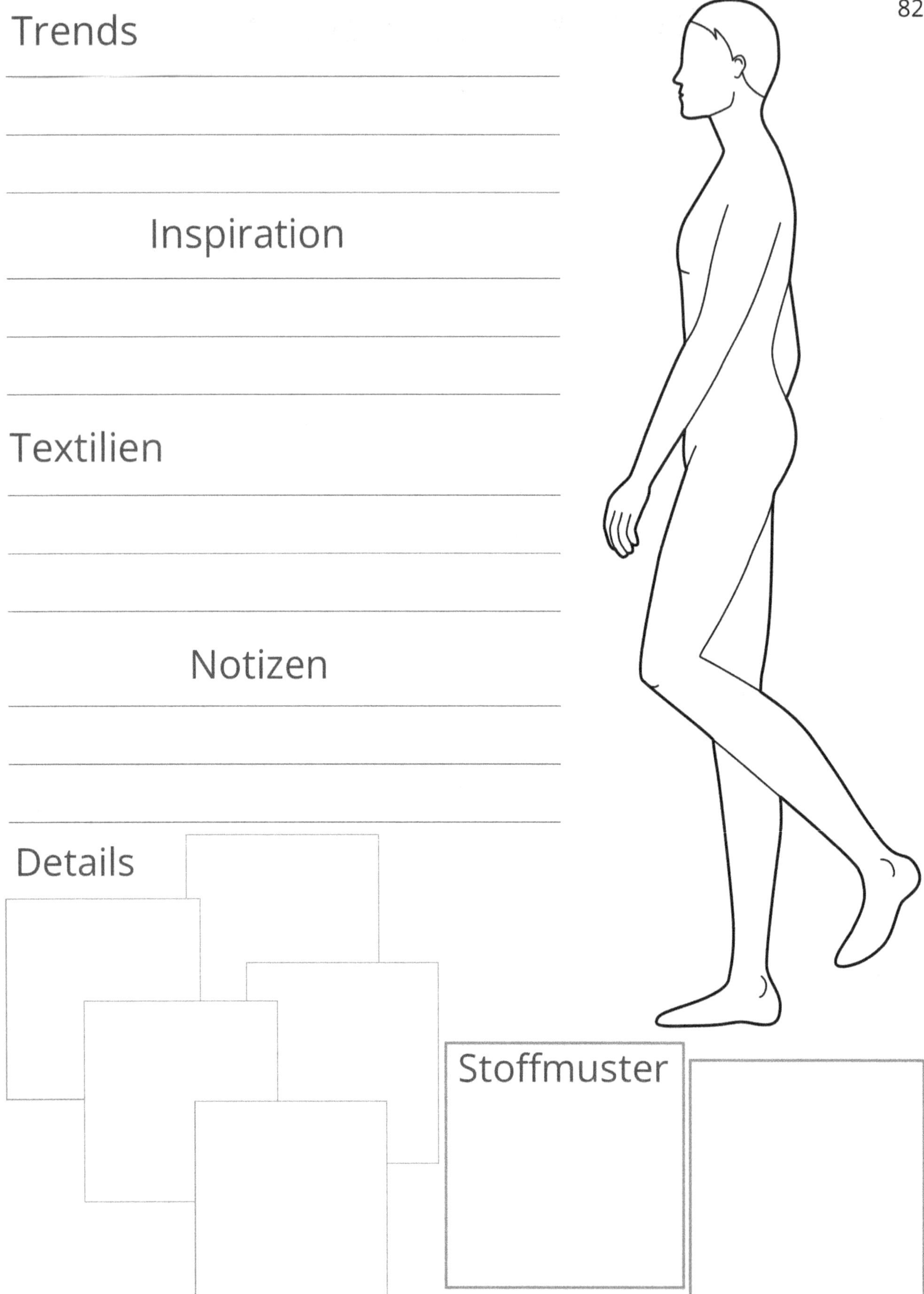

Stoffmuster

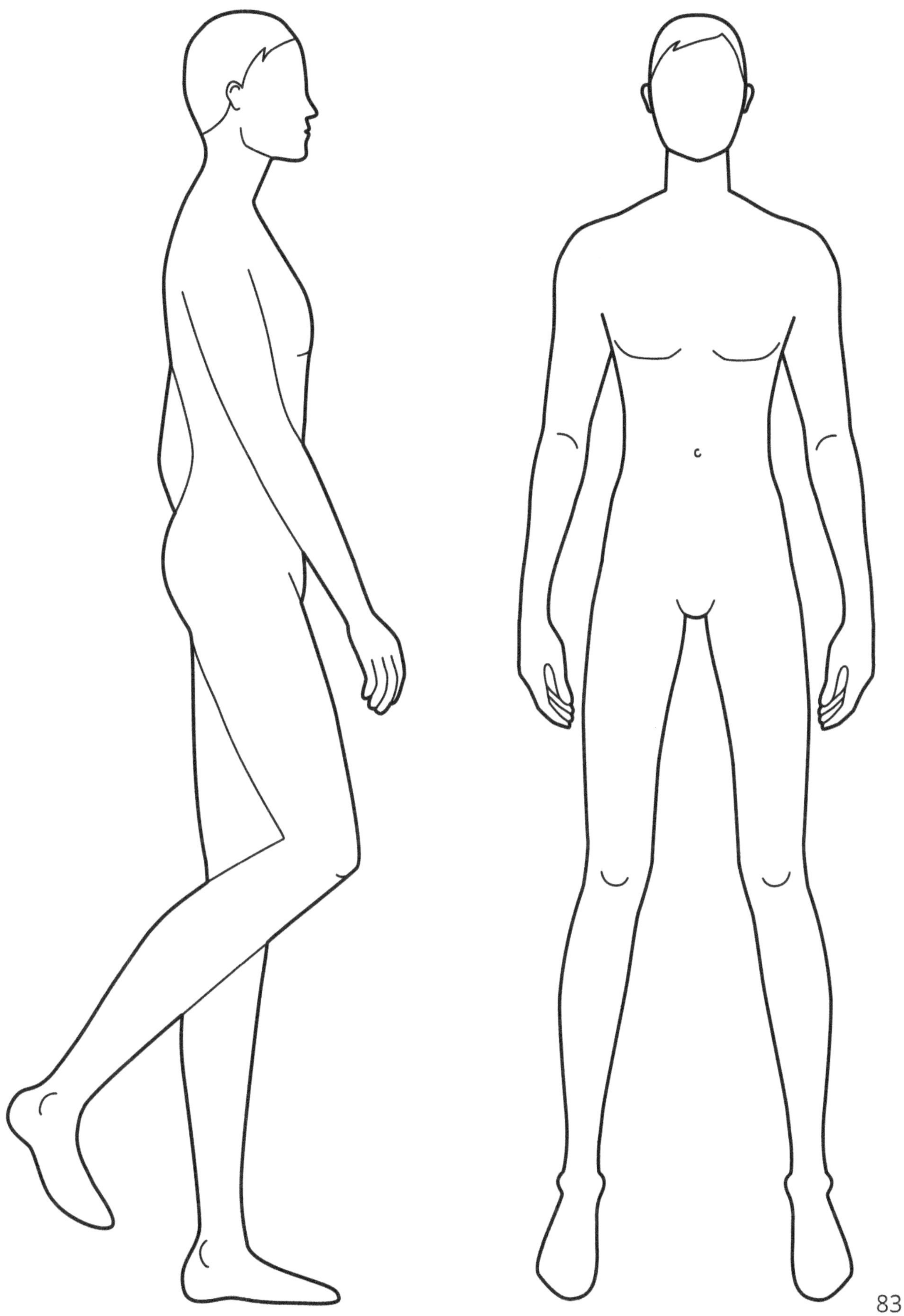

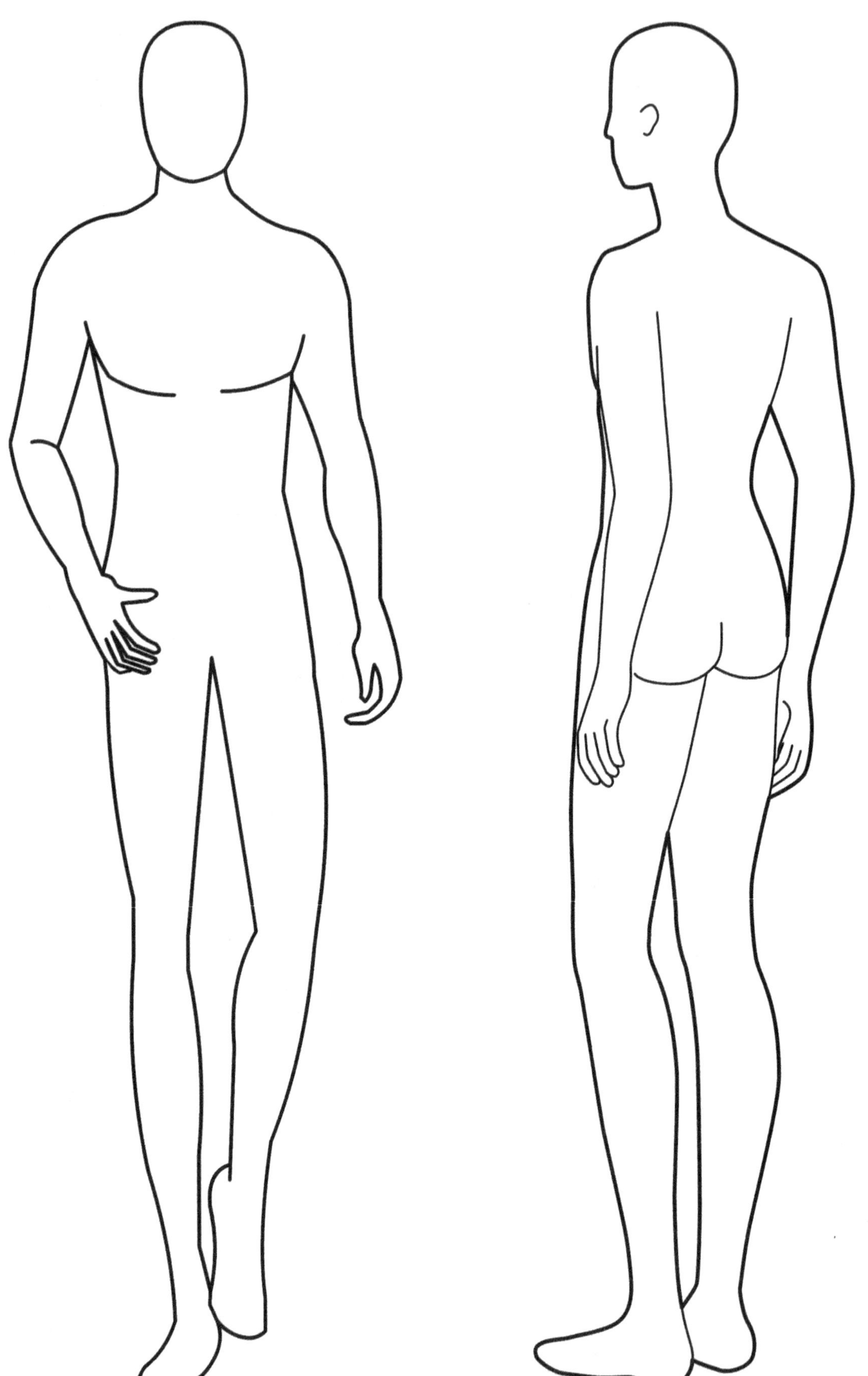

Deine Notizen & Inspirationsfotos

Diese Seite ist dein persönliches Moodboard. Verwende sie, um deine Stil-Experimente zu dokumentieren, Inspirationen festzuhalten und den Verlauf deiner Designreise zu verfolgen.

- Klebe Magazin-Ausschnitte, Stoffproben oder Outfit-Skizzen ein.
- Notiere, was funktioniert hat, was du verbessern möchtest und wie du dir das Design in der Realität vorstellst.
- Halte wiederkehrende Themen oder Formen fest, die deine Ästhetik prägen.

Profi-Tipp: *Die stärksten Kollektionen entstehen oft aus kleinen Ideen. Bewahre alles auf, was dein Auge fesselt - es könnte der Keim deines nächsten großen Designs sein.*

Outfit-Inspiration:
Büro-Chic und Laufsteg-Glamour

Smart-Casual Hybrid + Futuristische Eleganz

Büro-Chic Inspiration

Smart-Casual vereint Professionalität mit Lässigkeit. Kombiniere Chinos mit einem Hemd und ergänze den Look mit einer Strickjacke oder einem unstrukturierten Blazer. Ledersneaker oder Loafer runden das Outfit ab. Dieser Stil passt perfekt zu modernen Arbeitsumgebungen, die Flexibilität und Individualität schätzen.

Laufsteg-Glamour Inspiration

Futuristische Eleganz verbindet Innovation mit Raffinesse. Maßgeschneiderte Jacken aus metallischen oder irisierenden Stoffen, schmale Hosen und subtile geometrische Details schaffen einen eleganten, avantgardistischen Look. Accessoires bleiben minimal, damit Struktur und Material im Mittelpunkt stehen.

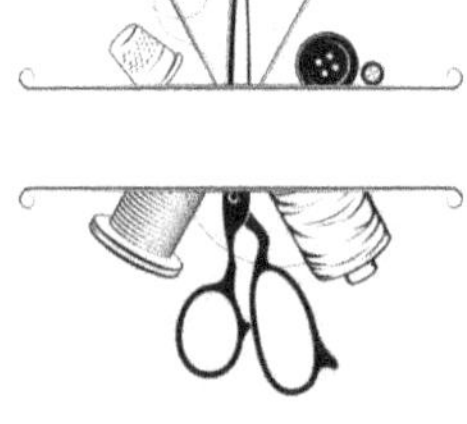

Mode-Praxisleitfaden & Notizen

Proportionen sind das Herz der Herrenmode. Nutze diese Seite, um das Gleichgewicht zwischen Schultern, Taille und Beinlänge zu üben.

So nutzt du diese Seite:
- Konzentriere dich auf Jacken, Hosen und Körperverhältnisse.
- Probiere enganliegende und entspannte Schnitte.
- Notiere, was am natürlichsten wirkt.

Reflexion & Notizen:
- Welche Proportion hat am besten funktioniert?
- Wirkte das Outfit ausgewogen?
- Was möchte ich bei zukünftigen Skizzen anpassen?

Profi-Tipp: *Starke Proportionen machen Designs zeitlos.*

Outfit-Inspiration: Streetstyle

Skate Culture Style

Die Skateboard-Kultur prägt die Streetstyle seit Jahrzehnten - mit weiten T-Shirts, Baggy-Jeans und funktionalen Skateschuhen. Flanellhemden, locker übergeworfen oder um die Taille gebunden, bringen zusätzliche Lässigkeit. Dieser Stil steht für Rebellion, Unabhängigkeit und Kreativität.

Seine Authentizität ist es, die Skate-Streetstyle legendär macht - Kleidung wird für Bewegung entworfen, aber sie trägt auch kulturelle Bedeutung. Es geht ebenso um Haltung wie um Aussehen.

Profi-Tipp: *Halte Accessoires dezent - eine Cap, ein Armband oder ein Rucksack reichen völlig. Der Look wirkt am besten, wenn er ungeplant und mühelos aussieht.*

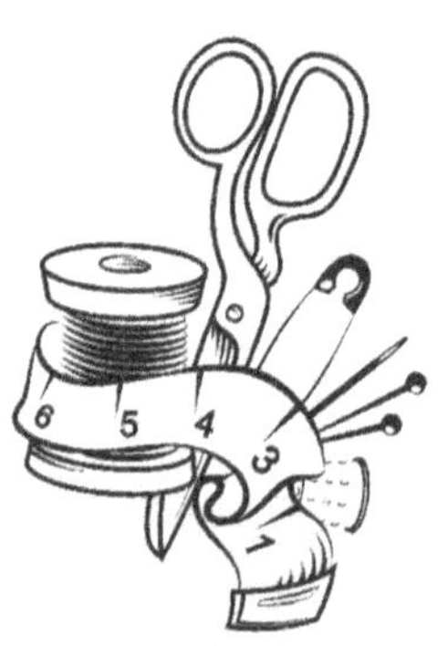

Trends

Inspiration

Textilien

Notizen

Details

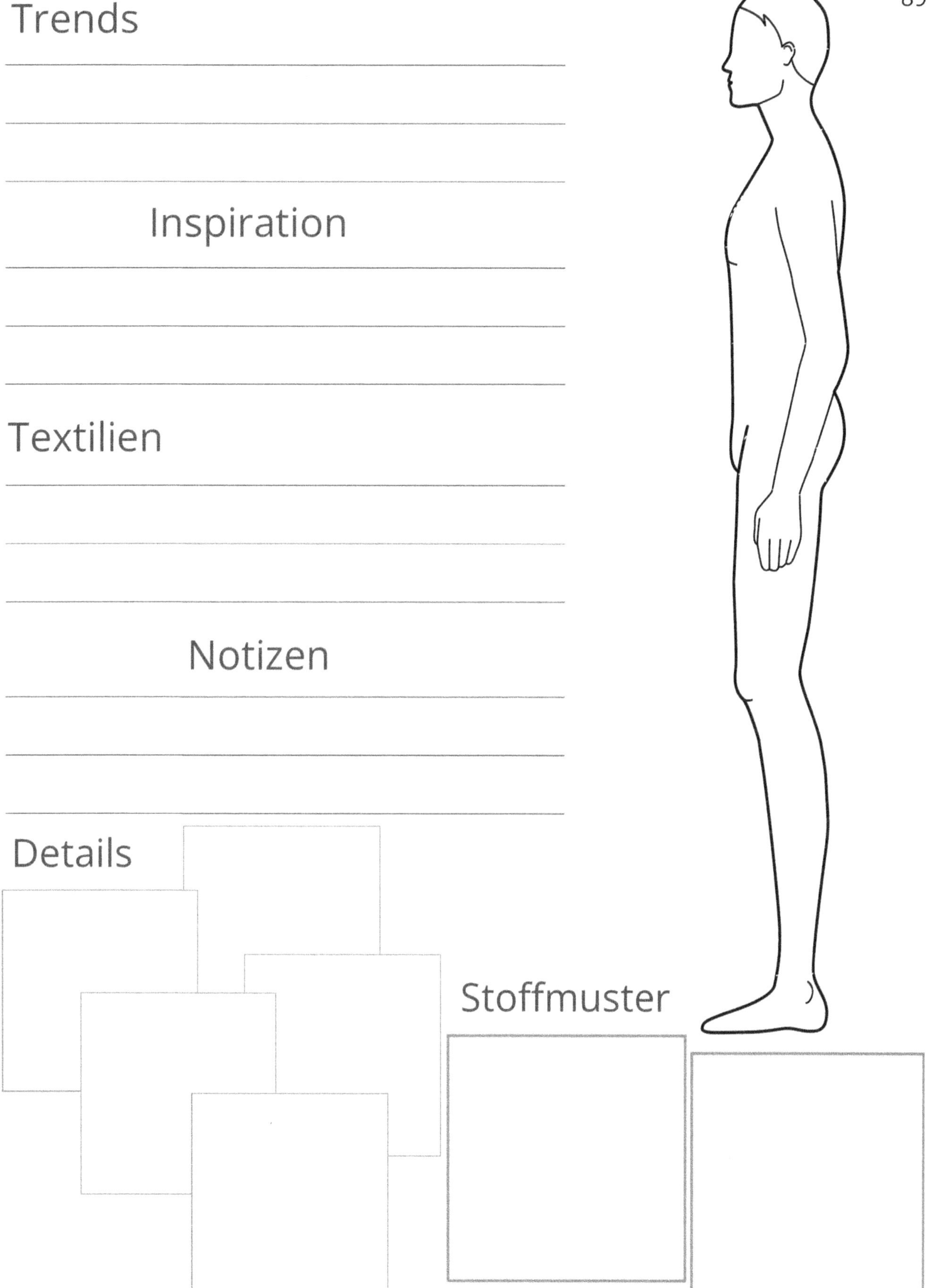

Stoffmuster

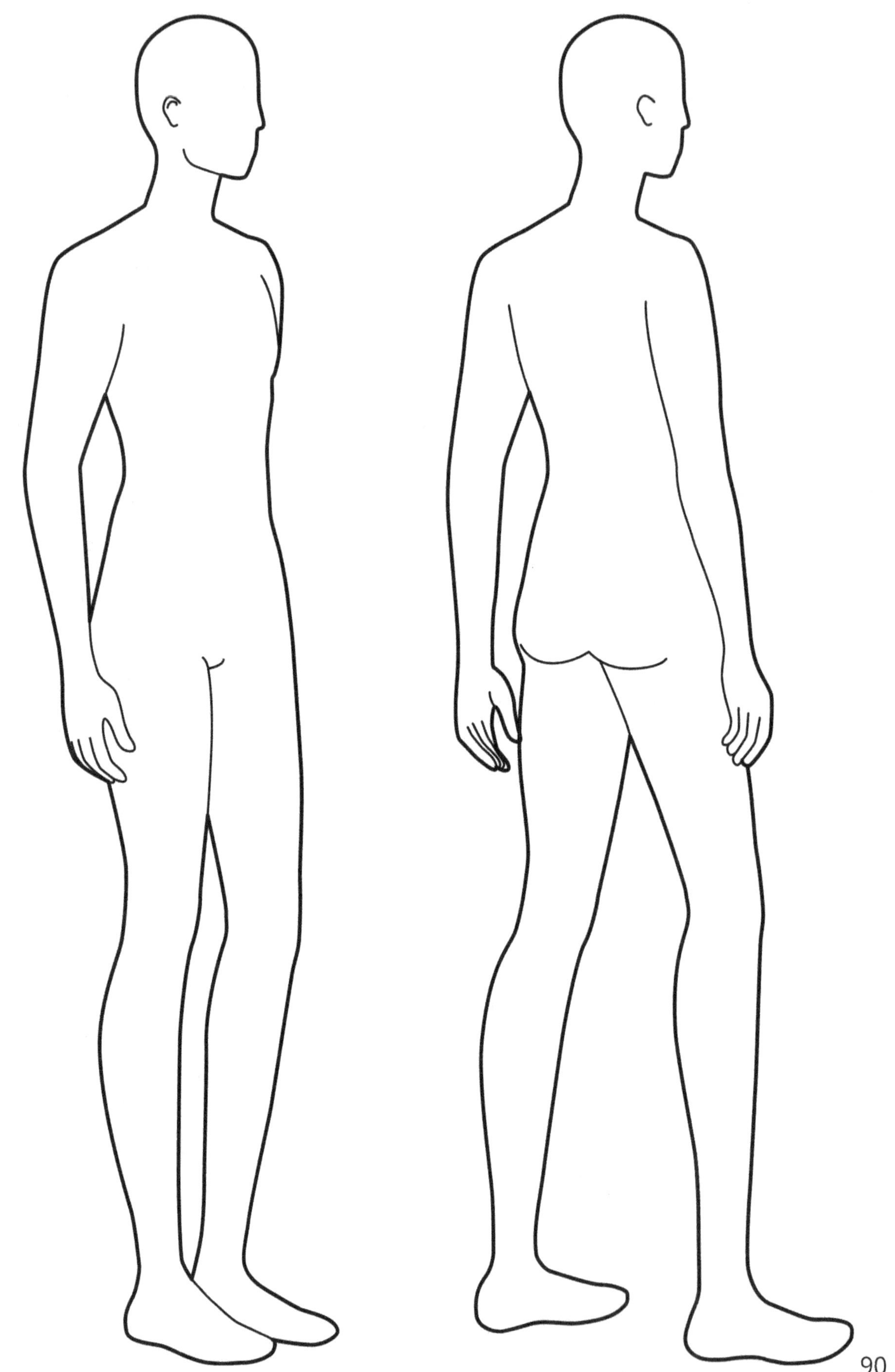

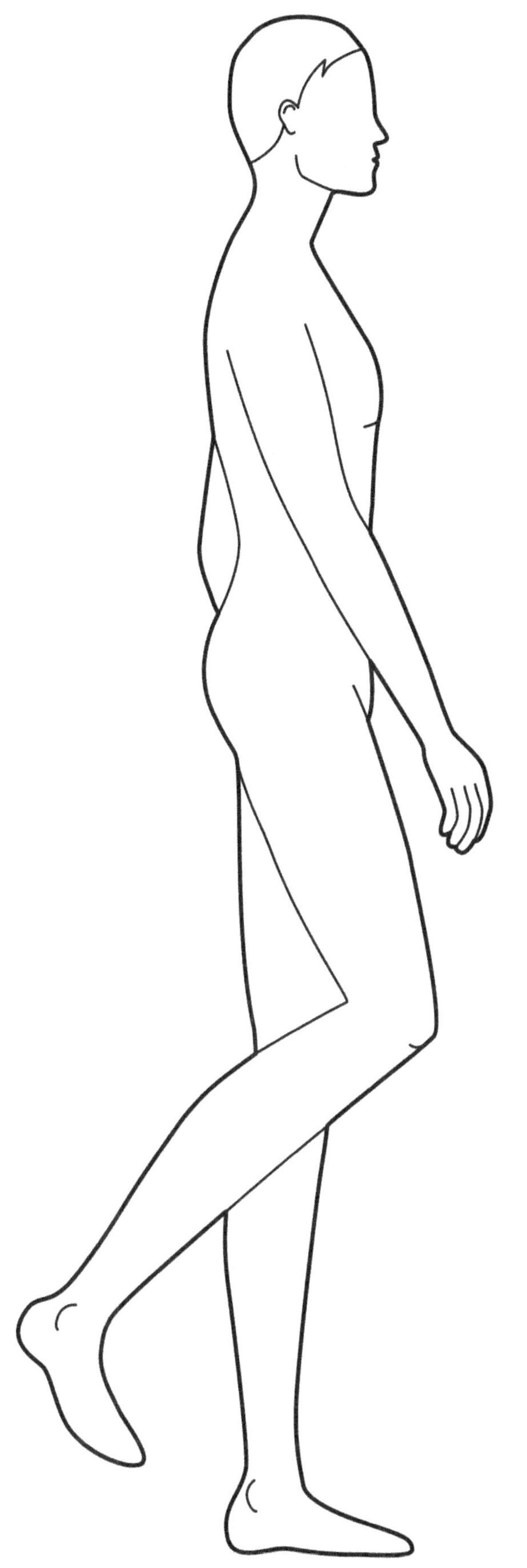
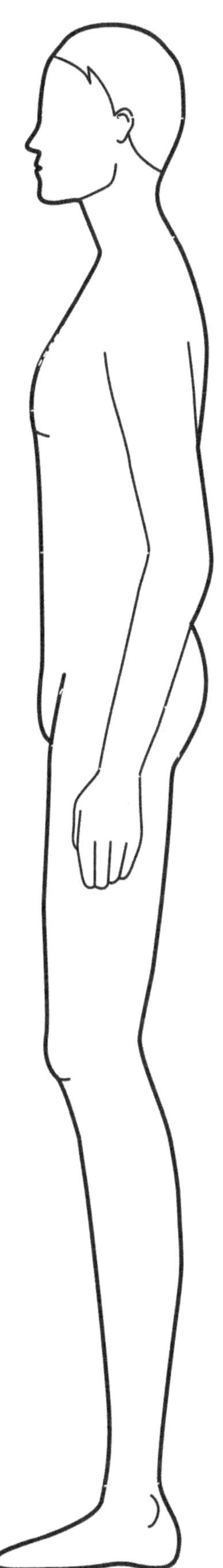

Deine Notizen & Inspirationsfotos

Diese Seite ist dein persönliches Moodboard. Verwende sie, um deine Stil-Experimente zu dokumentieren, Inspirationen festzuhalten und den Verlauf deiner Designreise zu verfolgen.

- Klebe Magazin-Ausschnitte, Stoffproben oder Outfit-Skizzen ein.
- Notiere, was funktioniert hat, was du verbessern möchtest und wie du dir das Design in der Realität vorstellst.
- Halte wiederkehrende Themen oder Formen fest, die deine Ästhetik prägen.

Profi-Tipp*: Die stärksten Kollektionen entstehen oft aus kleinen Ideen. Bewahre alles auf, was dein Auge fesselt - es könnte der Keim deines nächsten großen Designs sein.*

Outfit-Inspiration: Büro-Chic und Laufsteg-Glamour

Modern Layering + Festival Spark

Büro-Chic Inspiration

Layering sorgt für Vielseitigkeit und Charakter. Eine Weste unter dem Blazer, ein Rollkragenpullover unter dem Hemd oder leichte Oberbekleidung über einem Dressshirt schaffen Tiefe. Die Kombination passender Texturen wie Wolle und Baumwolle verleiht dem Look zusätzliche Raffinesse.

Laufsteg-Glamour Inspiration

Festival-Glam für Männer lebt von Glanz und Energie. Paillettenblazer, bestickte Jacken oder metallische Hosen strahlen Selbstbewusstsein aus. Verspielte Layerings und leuchtende Farben fangen die festliche Stimmung ein, während Accessoires wie Statement-Hüte oder verzierte Gürtel Individualität betonen.

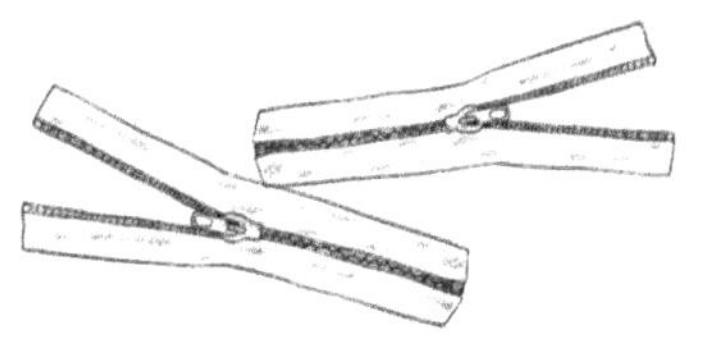

Mode-Praxisleitfaden & Notizen

Farben bestimmen die Stimmung eines Outfits - dezente Neutraltöne oder kräftige Statements. Nutze diese Seite, um Farbpaletten zu testen.

So nutzt du diese Seite:
- Skizziere ein Basis-Outfit.
- Wende 2-3 Farbschemata an (erdig, monochrom, kräftig).
- Notiere, wie sich die Stimmung verändert.

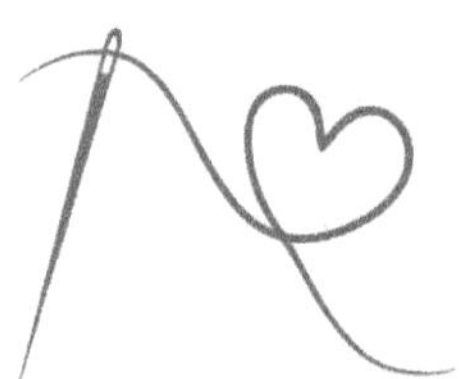

Reflexion & Notizen:
- Welche Palette passte am besten zum Konzept?
- Harmonierten die Farben oder wirkten sie gegensätzlich?
- Wie würde ich sie erneut einsetzen?

Profi-Tipp: *Farbe ist die stille Sprache des Stils.*

Outfit-Inspiration: Streetstyle

Techwear Streetstyle

Techwear ist futuristisch, funktional und modisch zugleich. Denk an wasserabweisende Stoffe, verstellbare Riemen, verdeckte Reißverschlüsse und mehrlagige Taschen. Diese Outfits wirken taktisch, behalten aber eine moderne, schlanke Silhouette. Schwarz und Grau dominieren, mit Neonakzenten für Dynamik.

Dieser Stil setzt ein starkes Statement - perfekt für alle, die Mode als Performance verstehen. Es geht nicht ums Anpassen, sondern darum, aufzufallen und bereit für alles zu wirken.

Profi-Tipp: Starte mit einer schwarzen Basis (Cargohose + Utility-Jacke) und füge ein funktionales Detail hinzu - etwa eine Crossbody-Tasche oder einen neonfarbenen Gurt. So bleibt der Look tragbar, aber ausdrucksstark.

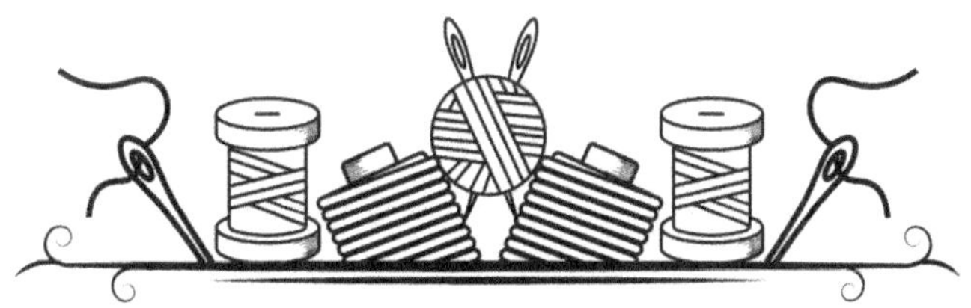

Trends

Inspiration

Textilien

Notizen

Details

Stoffmuster

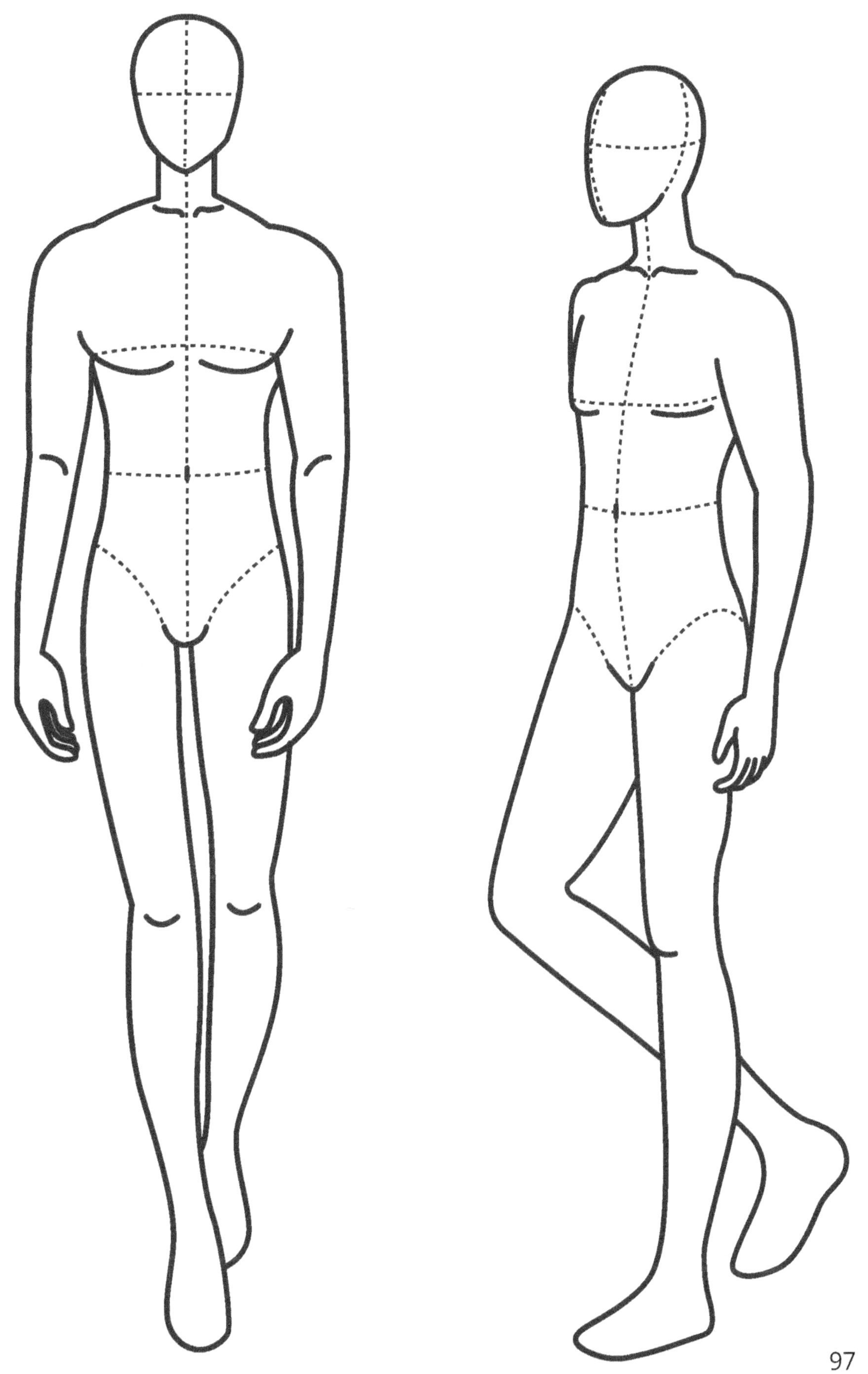

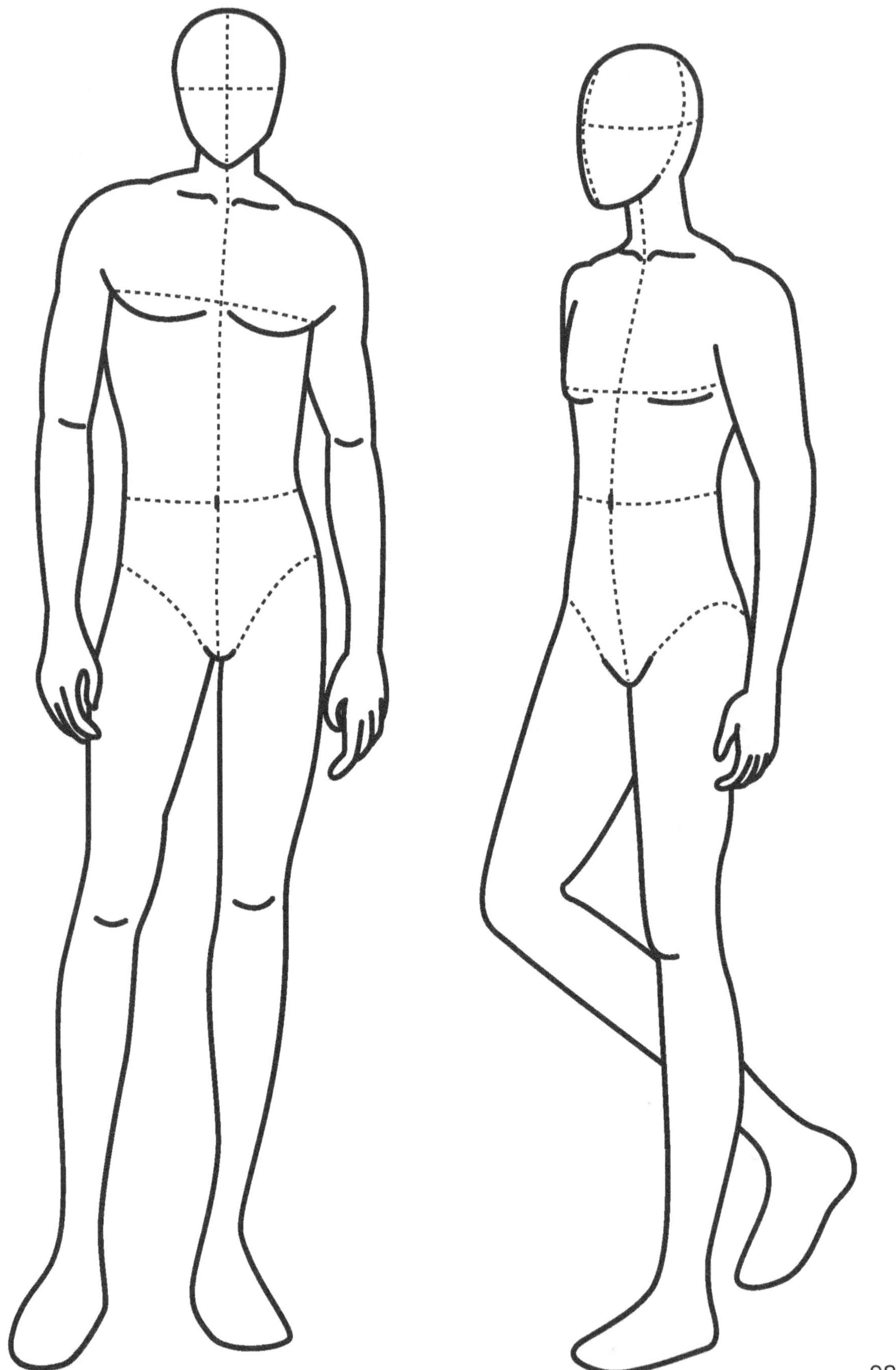

Deine Notizen & Inspirationsfotos

Diese Seite ist dein persönliches Moodboard. Verwende sie, um deine Stil-Experimente zu dokumentieren, Inspirationen festzuhalten und den Verlauf deiner Designreise zu verfolgen.

- Klebe Magazin-Ausschnitte, Stoffproben oder Outfit-Skizzen ein.
- Notiere, was funktioniert hat, was du verbessern möchtest und wie du dir das Design in der Realität vorstellst.
- Halte wiederkehrende Themen oder Formen fest, die deine Ästhetik prägen.

Profi-Tipp: Die stärksten Kollektionen entstehen oft aus kleinen Ideen. Bewahre alles auf, was dein Auge fesselt - es könnte der Keim deines nächsten großen Designs sein.

Outfit-Inspiration: Büro-Chic und Laufsteg-Glamour

Elegante Office-Uniform + Nachhaltige Couture

Büro-Chic Inspiration

In manchen Büros gilt die elegante Uniform: maßgeschneiderte Hose, neutrales Hemd und strukturierter Blazer. Mit hochwertigen Stoffen und präziser Passform wird aus dieser Schlichtheit pure Eleganz. Dezente Accessoires - schmale Krawatten oder Lederschuhe - halten den Look ausgewogen und edel.

Laufsteg-Glamour Inspiration

Nachhaltige Couture verbindet Handwerkskunst mit Umweltbewusstsein. Recycelte Stoffe, natürliche Farbstoffe und abfallarme Designs stehen für Innovation und Verantwortung. Lange Mäntel oder mehrlagige Ensembles vermitteln Stil mit Haltung.

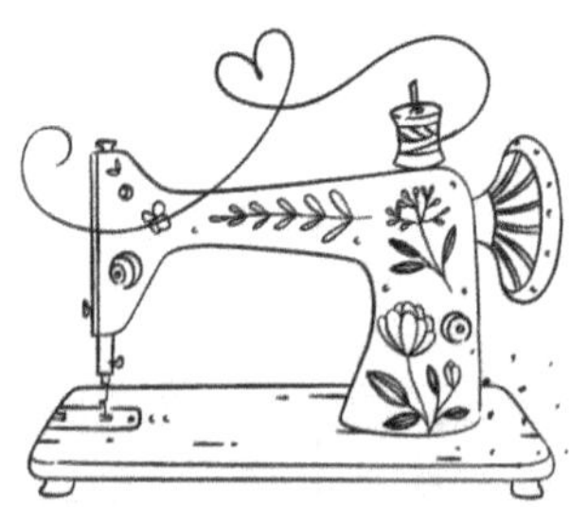

Mode-Praxisleitfaden & Notizen

Denke in Kollektionen, nicht nur in einzelnen Outfits. Herrenmode wirkt stärker, wenn die Teile miteinander harmonieren.

So nutzt du diese Seite:

- Erstelle 2-3 Varianten eines Themas.
- Behalte ein verbindendes Detail bei (Farbe, Stoff, Silhouette).
- Notiere, wie die Looks zusammenpassen.

Reflexion & Notizen:

- Wirkten die Teile als Einheit?
- Welches stach hervor?
- Wie könnte ich die Harmonie verbessern?

Profi-Tipp: Einheitlichkeit schafft starke Herren-Kollektionen.

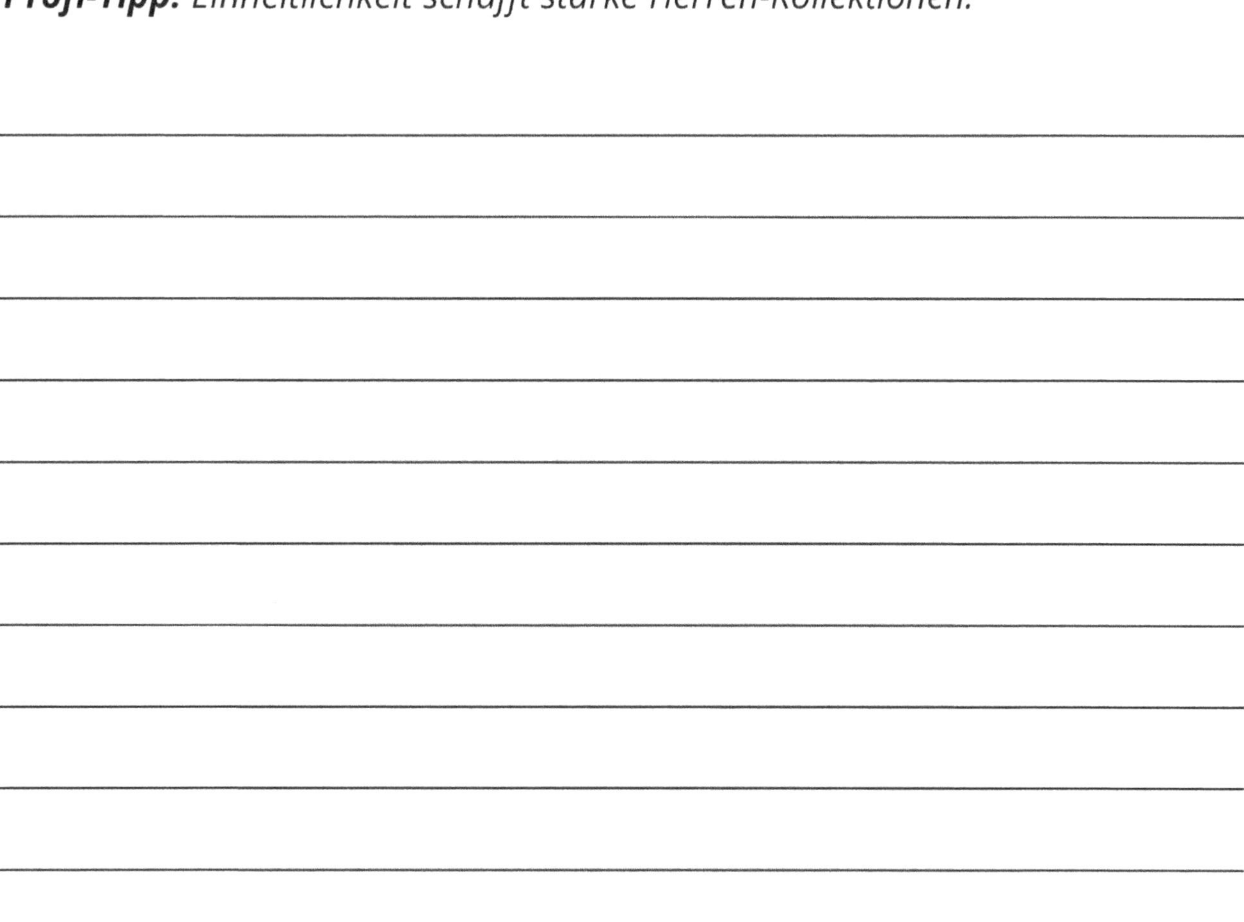

Outfit-Inspiration: Streetstyle

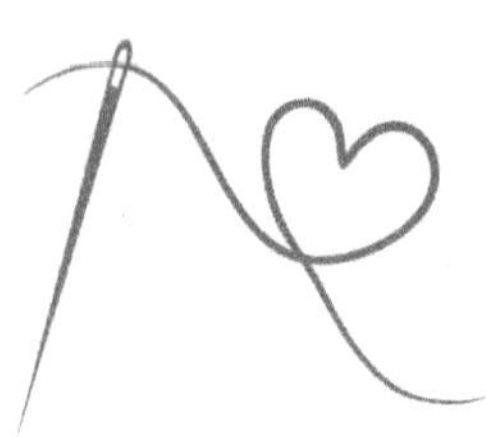

Minimalistische Streetstyle

Minimalistische Streetstyle reduziert Mode auf das Wesentliche. Klare Linien, neutrale Farben und keine Logos definieren den Look. Denk an schmale Jogginghosen, schlichte Hoodies und saubere Sneaker. Der Fokus liegt auf Passform und Stoffqualität, nicht auf auffälligen Details.

Dieser Stil funktioniert fast überall - von Freizeit bis Semi-Business - weil er Understatement mit urbanem Charakter vereint.

Profi-Tipp: *Investiere in hochwertige Basics. Ein gut geschnittener Hoodie oder erstklassige Sneaker können selbst das schlichteste Outfit veredeln.*

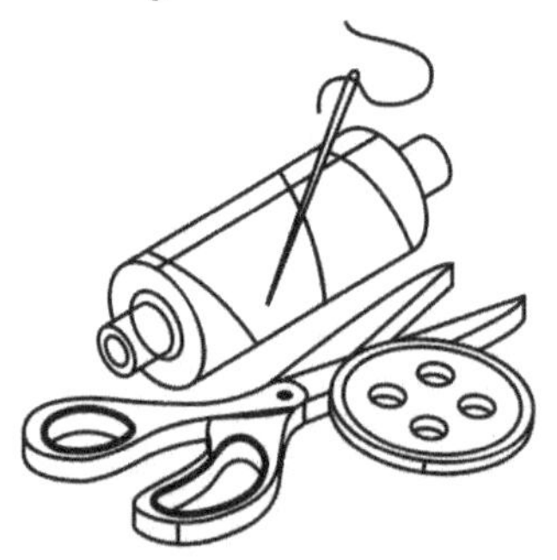

Trends

Inspiration

Textilien

Notizen

Details

Stoffmuster

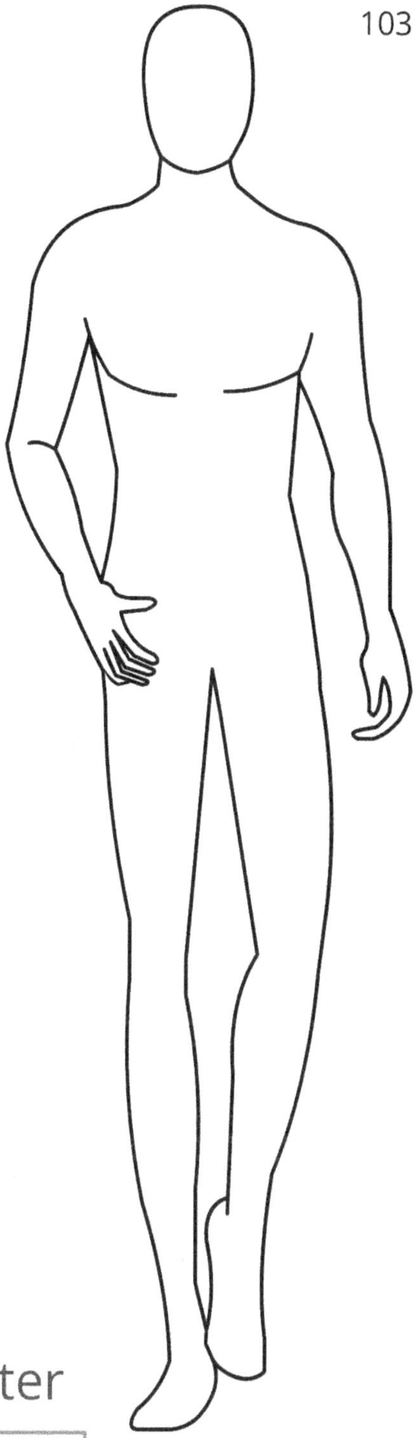

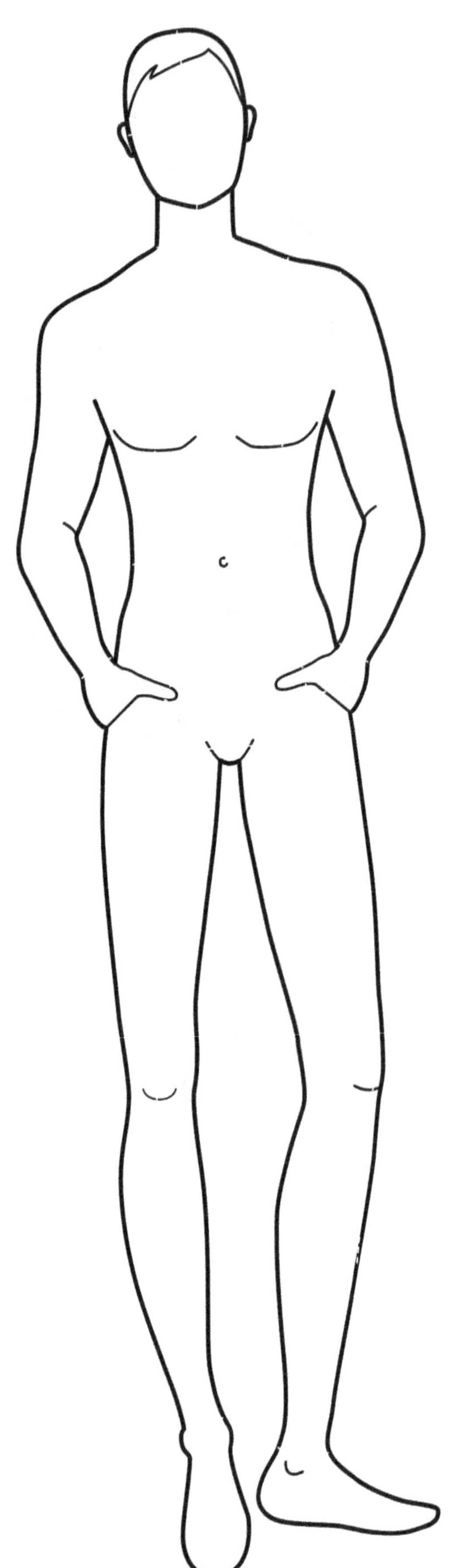
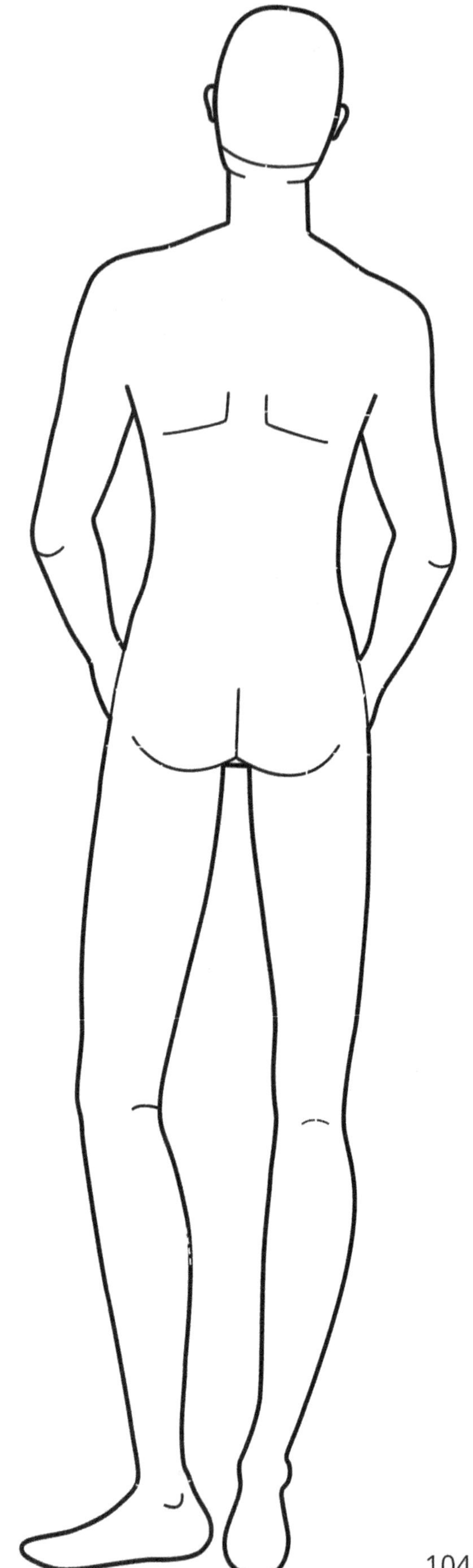

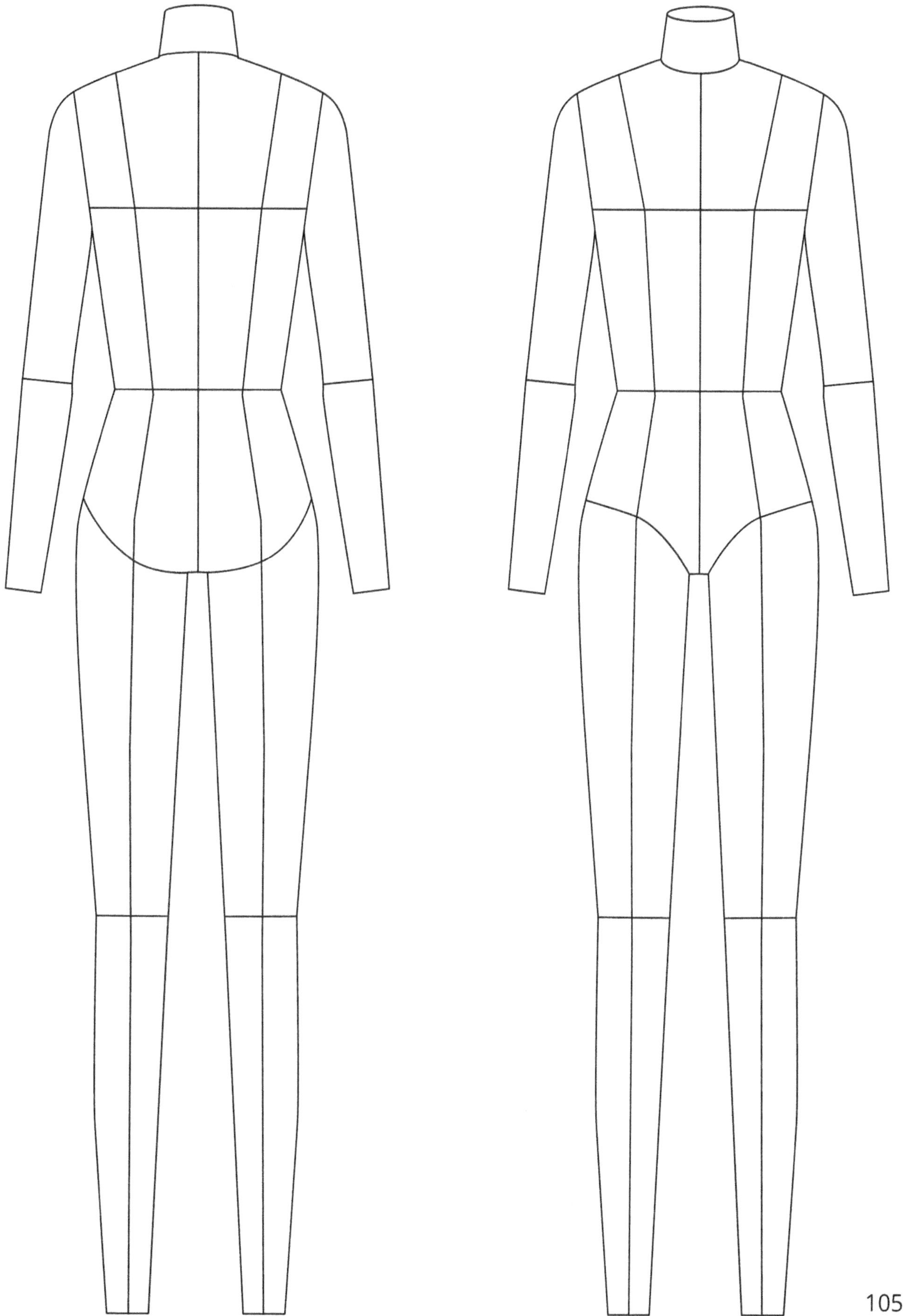

Deine Notizen & Inspirationsfotos

Diese Seite ist dein persönliches Moodboard. Verwende sie, um deine Stil-Experimente zu dokumentieren, Inspirationen festzuhalten und den Verlauf deiner Designreise zu verfolgen.

- Klebe Magazin-Ausschnitte, Stoffproben oder Outfit-Skizzen ein.
- Notiere, was funktioniert hat, was du verbessern möchtest und wie du dir das Design in der Realität vorstellst.
- Halte wiederkehrende Themen oder Formen fest, die deine Ästhetik prägen.

Profi-Tipp: Die stärksten Kollektionen entstehen oft aus kleinen Ideen. Bewahre alles auf, was dein Auge fesselt - es könnte der Keim deines nächsten großen Designs sein.

Outfit-Inspiration:
Büro-Chic und Laufsteg-Glamour

Trendbewusster Professional + Futuristisches Showpiece

Büro-Chic Inspiration

Männer können subtile Trends integrieren, ohne ihre Professionalität zu verlieren. Gekürzte Hosen mit Loafern oder pastellige Töne kombiniert mit neutralen Farben halten den Look modern. Accessoires wie schlanke Rucksäcke oder zeitgenössische Brillen verleihen funktionale Eleganz.

Laufsteg-Glamour Inspiration

Futuristische Showpieces ziehen alle Blicke auf sich. Skulpturale Jacken, leuchtende Details oder reflektierende Stoffe definieren moderne Herrenmode neu. Schuhe mit dicken Sohlen oder metallischen Akzenten ergänzen den progressiven Look.

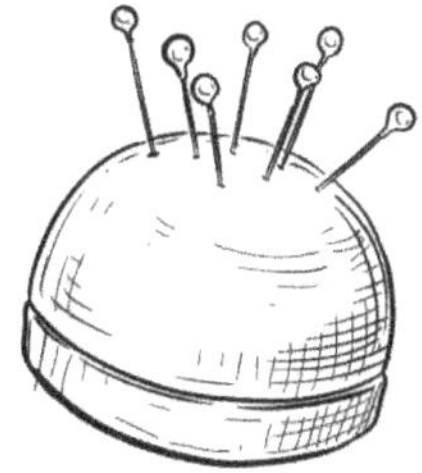

Mode-Praxisleitfaden & Notizen

Minimalismus hat Kraft. Klare Linien und subtile Details sprechen lauter als Übermaß.

So nutzt du diese Seite:

- Designe mit maximal drei Elementen.
- Konzentriere dich auf Silhouette und Passform.
- Notiere, wie Einfachheit die Wirkung verändert hat.

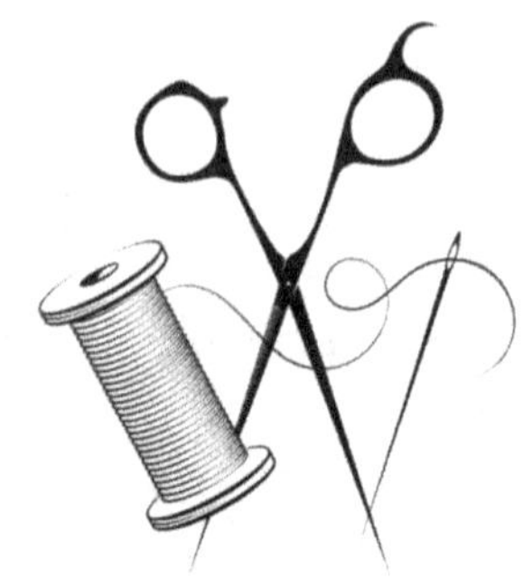

Reflexion & Notizen:

- Machte die Schlichtheit das Design stärker?
- Welches Element trug den Look?
- Was würde ich anpassen?

Profi-Tipp: *Minimalismus lässt Struktur und Form strahlen.*

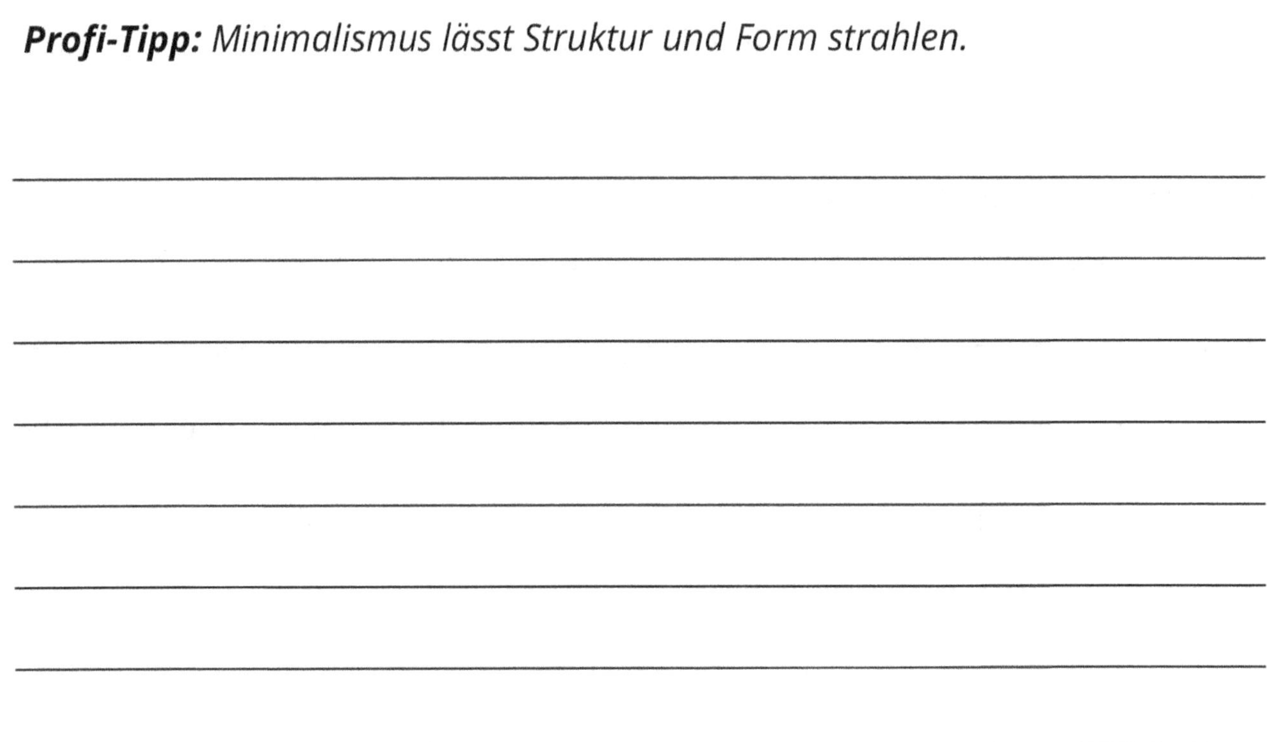

Outfit-Inspiration: Streetstyle

Layered Streetstyle

Layering verwandelt Basics in spannende Looks. Ein T-Shirt unter einem Hoodie, darüber ein Bomber oder eine Jeansjacke - das schafft Tiefe und Struktur. Durch das Mischen verschiedener Materialien - Baumwolle, Denim, Nylon - entsteht ein dreidimensionaler Effekt.

Wichtig ist Balance: Zu viele voluminöse Schichten können überladen wirken, aber 2-3 gezielt gestylte Lagen schaffen Dynamik und Flexibilität.

Profi-Tipp: Nutze Layering, um mit Farben zu spielen. Kombiniere neutrale Töne mit einem leuchtenden Akzent, etwa ein heller Hoodie unter einer farbigen Jacke, um kontrollierten Kontrast zu schaffen.

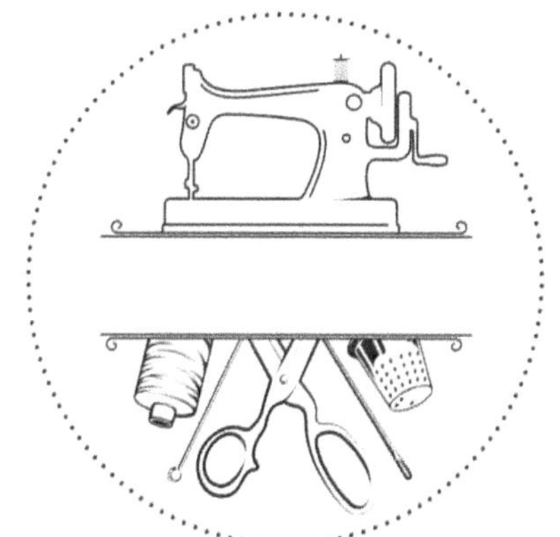

Trends

Inspiration

Textilien

Notizen

Details

Stoffmuster

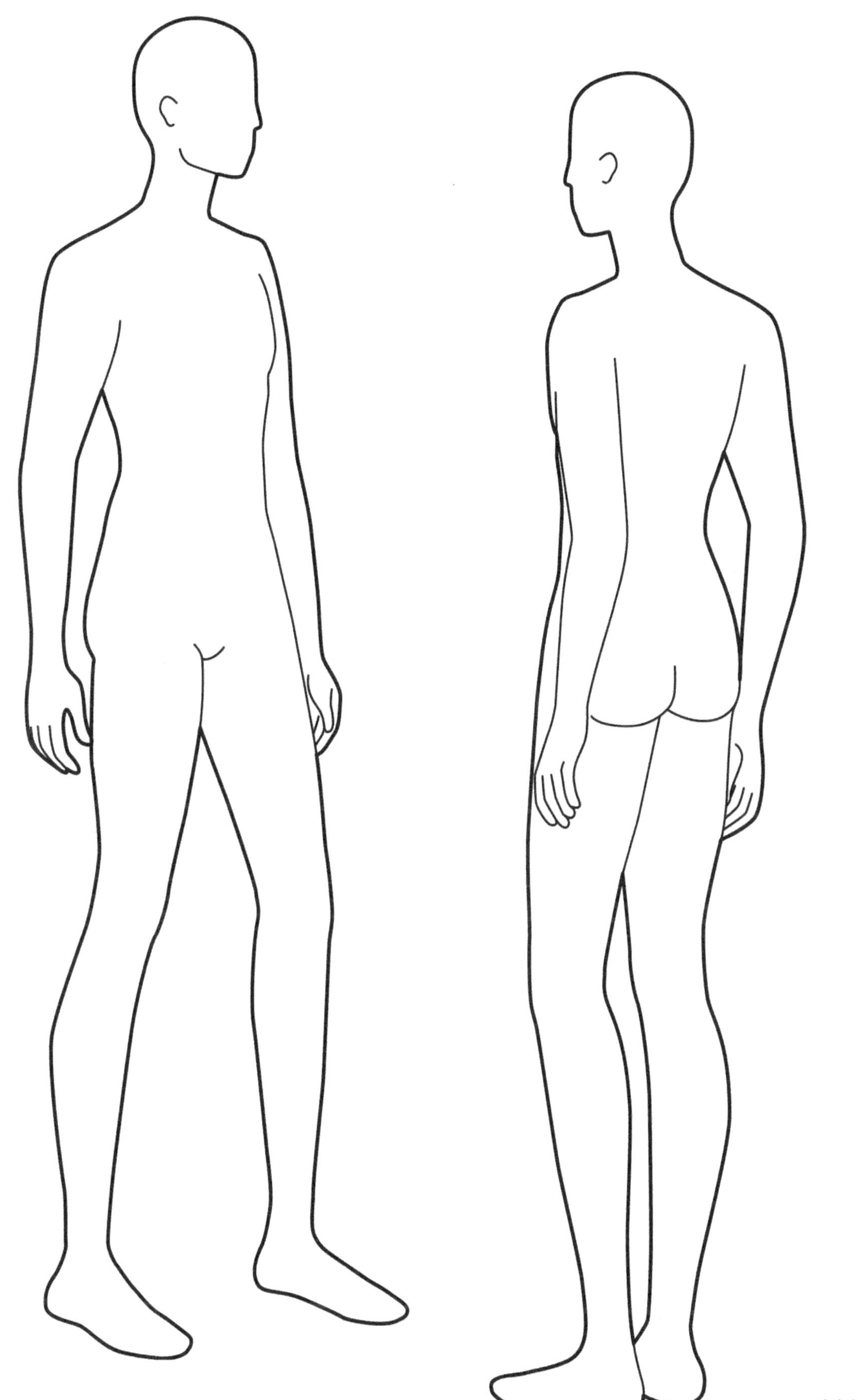

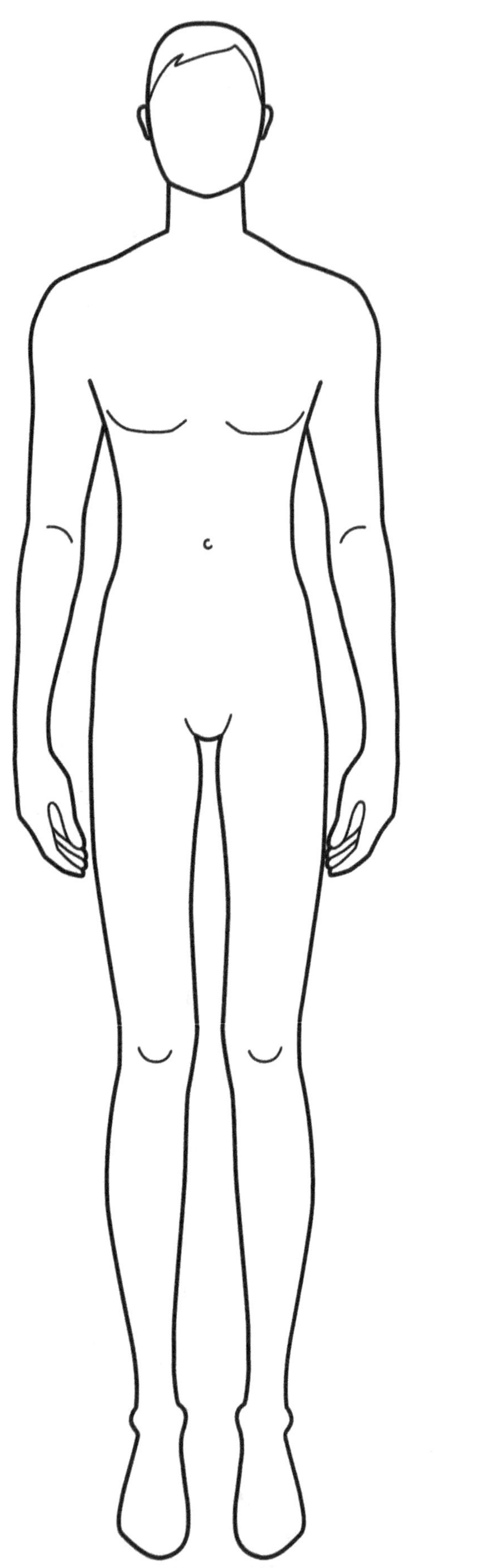
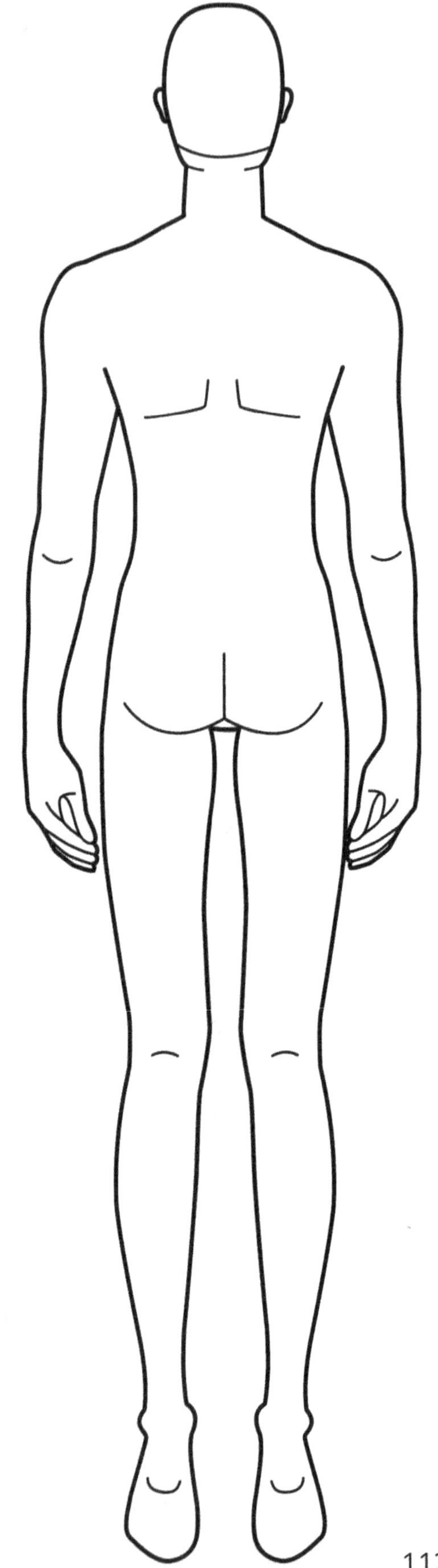

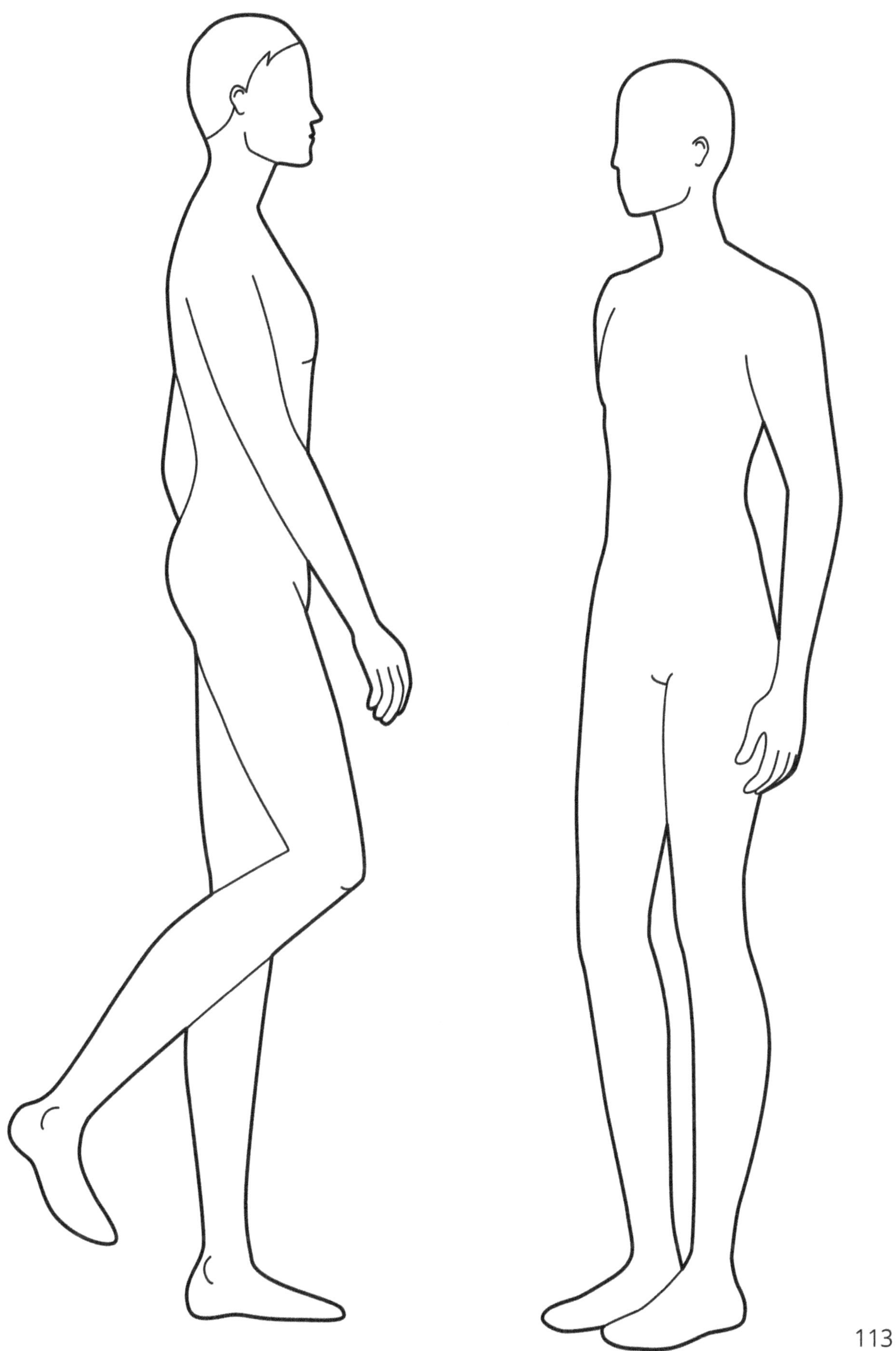

Deine Notizen & Inspirationsfotos

Diese Seite ist dein persönliches Moodboard. Verwende sie, um deine Stil-Experimente zu dokumentieren, Inspirationen festzuhalten und den Verlauf deiner Designreise zu verfolgen.

- Klebe Magazin-Ausschnitte, Stoffproben oder Outfit-Skizzen ein.
- Notiere, was funktioniert hat, was du verbessern möchtest und wie du dir das Design in der Realität vorstellst.
- Halte wiederkehrende Themen oder Formen fest, die deine Ästhetik prägen.

Profi-Tipp: *Die stärksten Kollektionen entstehen oft aus kleinen Ideen. Bewahre alles auf, was dein Auge fesselt - es könnte der Keim deines nächsten großen Designs sein.*

Outfit-Inspiration:
Büro-Chic und Laufsteg-Glamour

Entspanntes Tailoring + Klassischer Red Carpet Look

Büro-Chic Inspiration

Entspanntes Tailoring vereint Komfort und Eleganz. Weich strukturierte Blazer, kombiniert mit Bundfaltenhosen und Loafern, strahlen Gelassenheit aus, ohne an Professionalität zu verlieren. Leichte Stoffe wie Leinen oder Baumwollmischungen passen zu jedem Klima und wirken immer gepflegt.

Laufsteg-Glamour Inspiration

Klassischer Red-Carpet-Glamour für Männer dreht sich um zeitlose Smoking- oder Dreiteiler-Looks. Samtjacken, Seidenrevers und Fliegen unterstreichen Luxus. Polierte Schuhe und gepflegtes Styling vollenden das elegante Erscheinungsbild.

Mode-Praxisleitfaden & Notizen

Diese Seite dient deiner Reflexion und deinem Fortschritt. Schau dir frühere Skizzen an und feiere deine Entwicklung.

So nutzt du diese Seite:

- Skizziere ein Outfit, das deinen Fortschritt zeigt.
- Notiere, was du bisher gelernt hast.
- Setze dir eine Design-Herausforderung für das nächste Mal.

Reflexion & Notizen:

- Was hat sich am meisten verbessert?
- Welche Technik braucht noch Übung?
- Was ist mein nächstes Ziel?

Profi-Tipp: Jede Skizze ist ein Meilenstein deiner kreativen Reise.

Outfit-Inspiration: Streetstyle

Retro Streetstyle

Retro-Streetstyle greift die 80er- und 90er-Jahre auf: Trainingsjacken, farbblockierte Windbreaker, klobige Sneaker und Snapbacks.

Der Look ist nostalgisch, aber immer noch im Trend. Vintage-inspirierte Designs verbinden Vergangenheit und Gegenwart und schaffen einen verspielten, aber stilvollen Auftritt.

Der Schlüssel zu gelungenem Retro-Stil ist Maßhaltung. Eine einzige Retro-Komponente kombiniert mit modernen Basics hält das Outfit frisch und authentisch.

Profi-Tipp: *Wähle ein markantes Retro-Teil - etwa eine auffällige Trainingsjacke - und halte den Rest modern. Diese Balance schafft Authentizität mit zeitgemäßem Touch.*

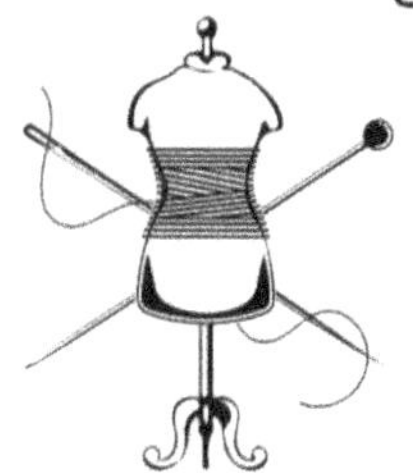

Trends

Inspiration

Textilien

Notizen

Details

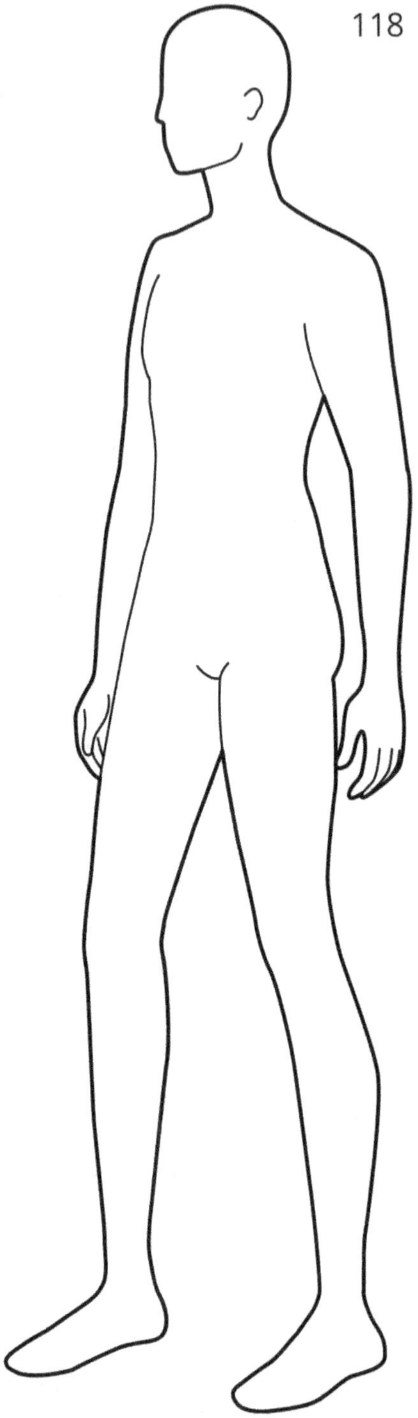

Stoffmuster

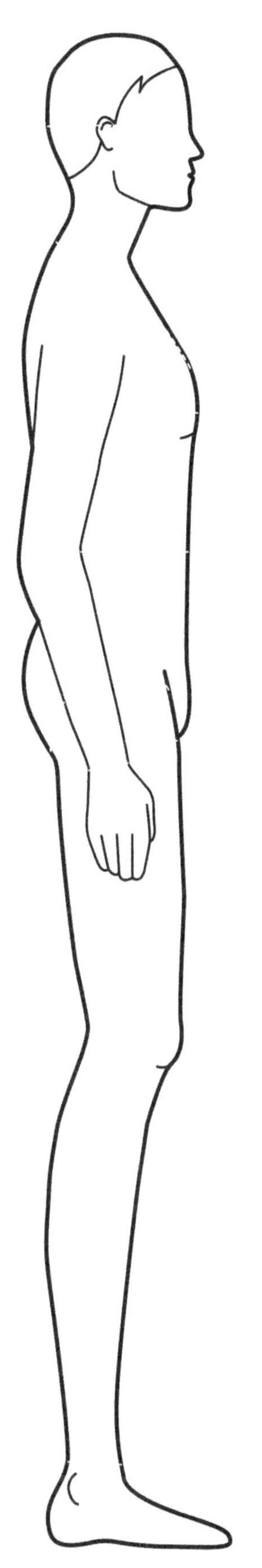
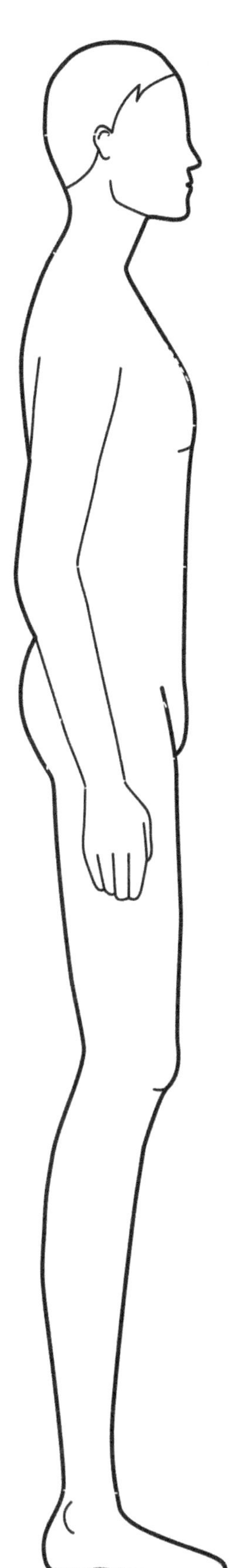

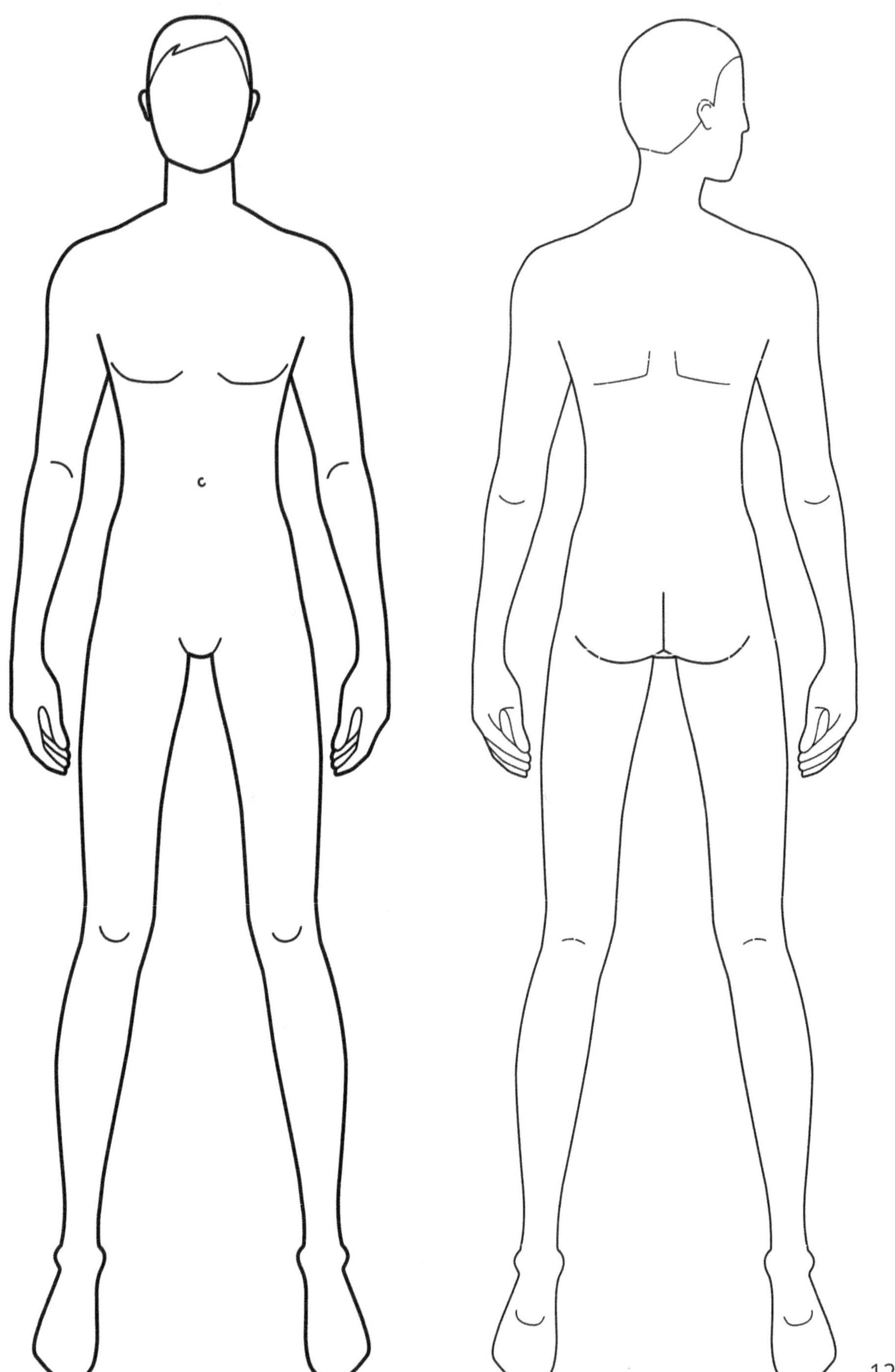

Deine Notizen & Inspirationsfotos

Diese Seite ist dein persönliches Moodboard. Verwende sie, um deine Stil-Experimente zu dokumentieren, Inspirationen festzuhalten und den Verlauf deiner Designreise zu verfolgen.

- Klebe Magazin-Ausschnitte, Stoffproben oder Outfit-Skizzen ein.
- Notiere, was funktioniert hat, was du verbessern möchtest und wie du dir das Design in der Realität vorstellst.
- Halte wiederkehrende Themen oder Formen fest, die deine Ästhetik prägen.

Profi-Tipp*: Die stärksten Kollektionen entstehen oft aus kleinen Ideen. Bewahre alles auf, was dein Auge fesselt - es könnte der Keim deines nächsten großen Designs sein.*

Outfit-Inspiration: Büro-Chic und Laufsteg-Glamour

Statement Look + Avantgarde Menswear

Büro-Chic Inspiration

Manchmal geht es bei Office-Wear darum, ein Statement zu setzen. Kräftige Farben, gemusterte Hemden oder ungewöhnliche Texturen werten Alltagslooks auf. Kombiniere sie mit neutralen Hosen, um Kreativität und Seriosität im Gleichgewicht zu halten.

Laufsteg-Glamour Inspiration

Avantgardistische Herrenmode spielt mit dramatischen Silhouetten und experimentellen Stoffen. Übergroße Mäntel, asymmetrische Schnitte oder geschichtete Materialien brechen Konventionen. Diese Designs wollen faszinieren - Mode als Kunstform.

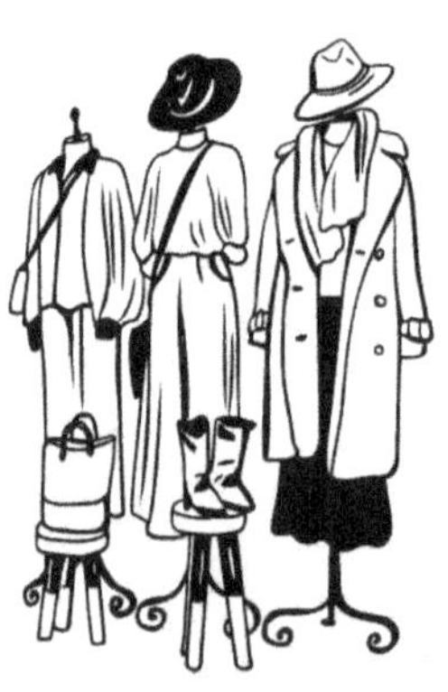

Trends

Inspiration

Textilien

Notizen

Details

Stoffmuster

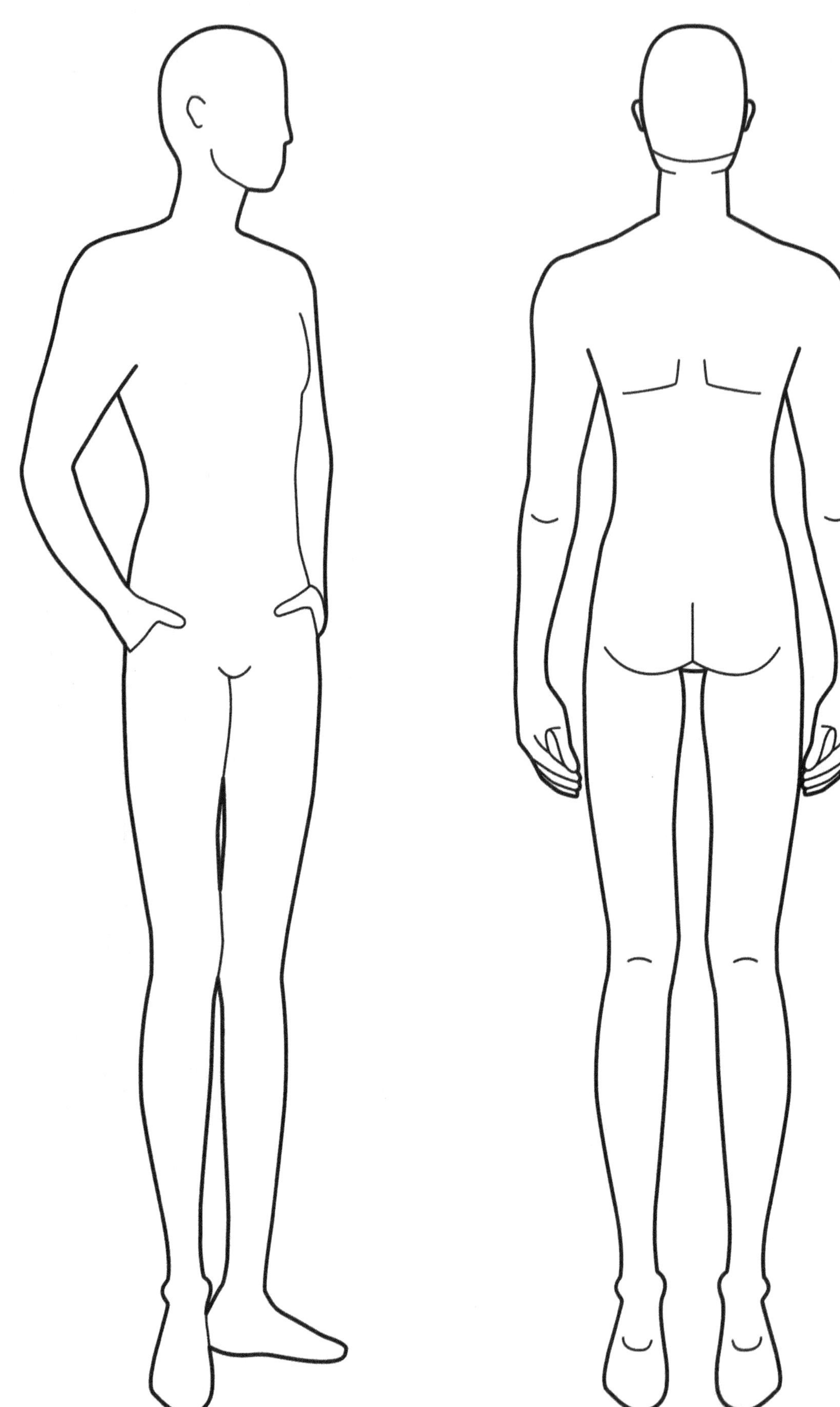

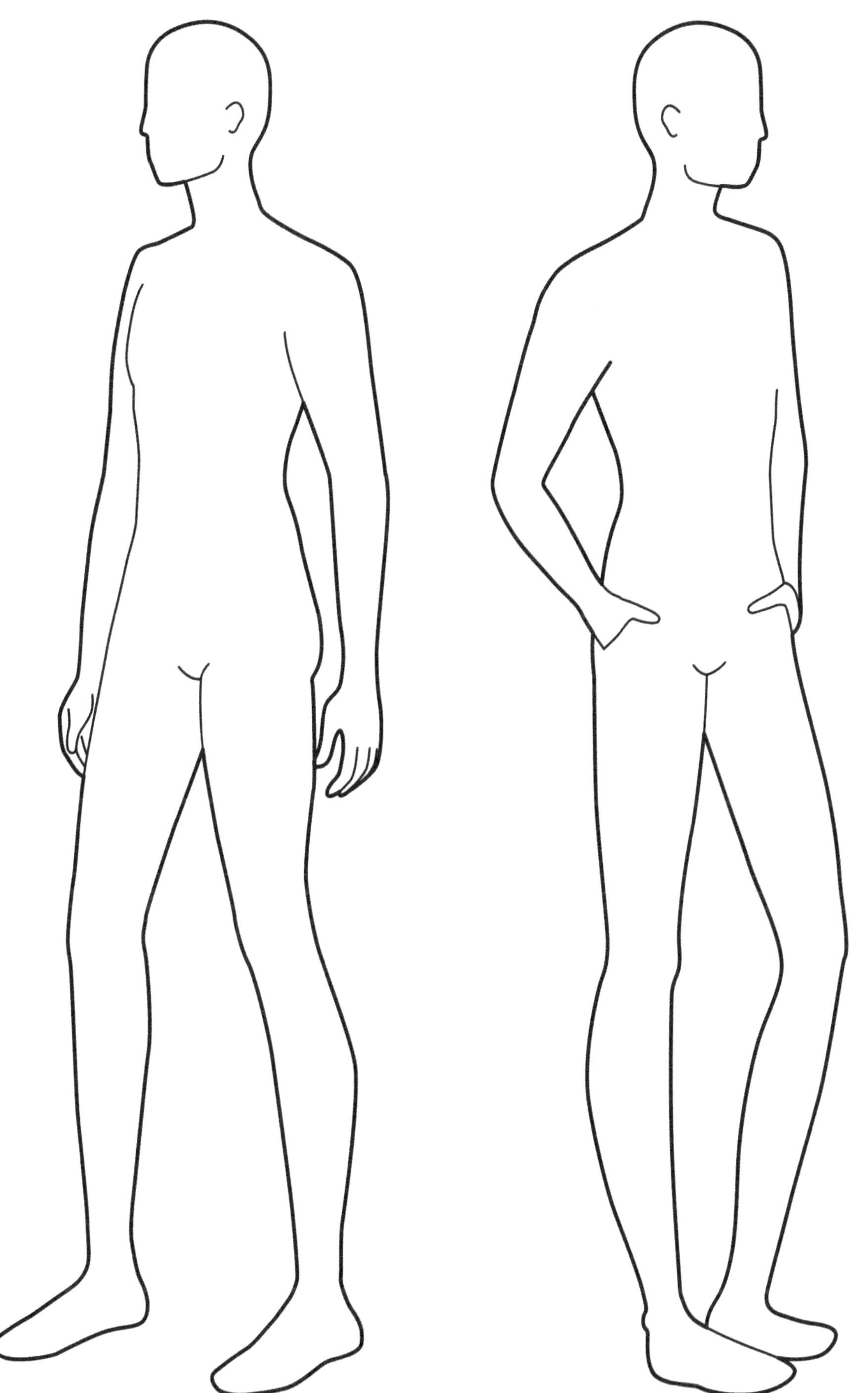

Trends

Inspiration

Textilien

Notizen

Details

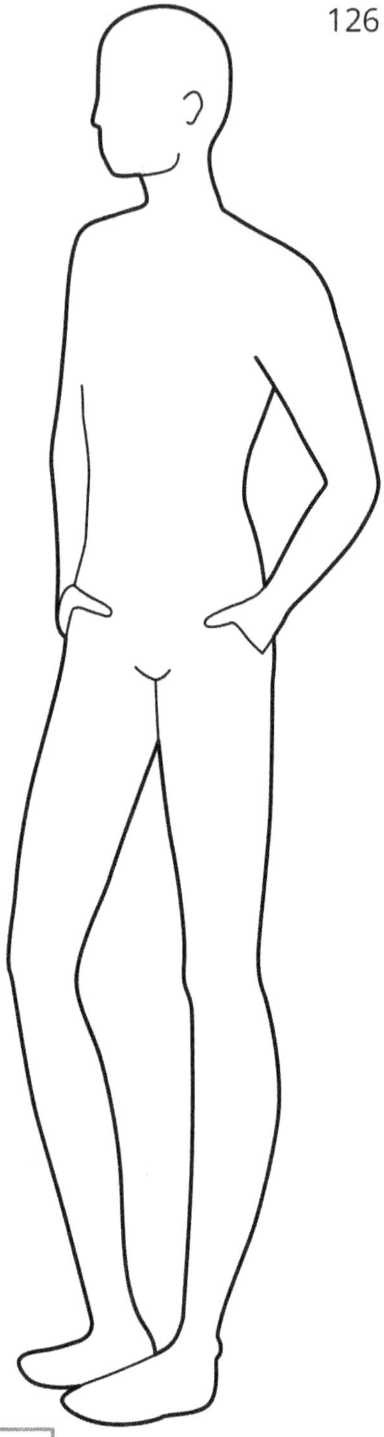

Stoffmuster

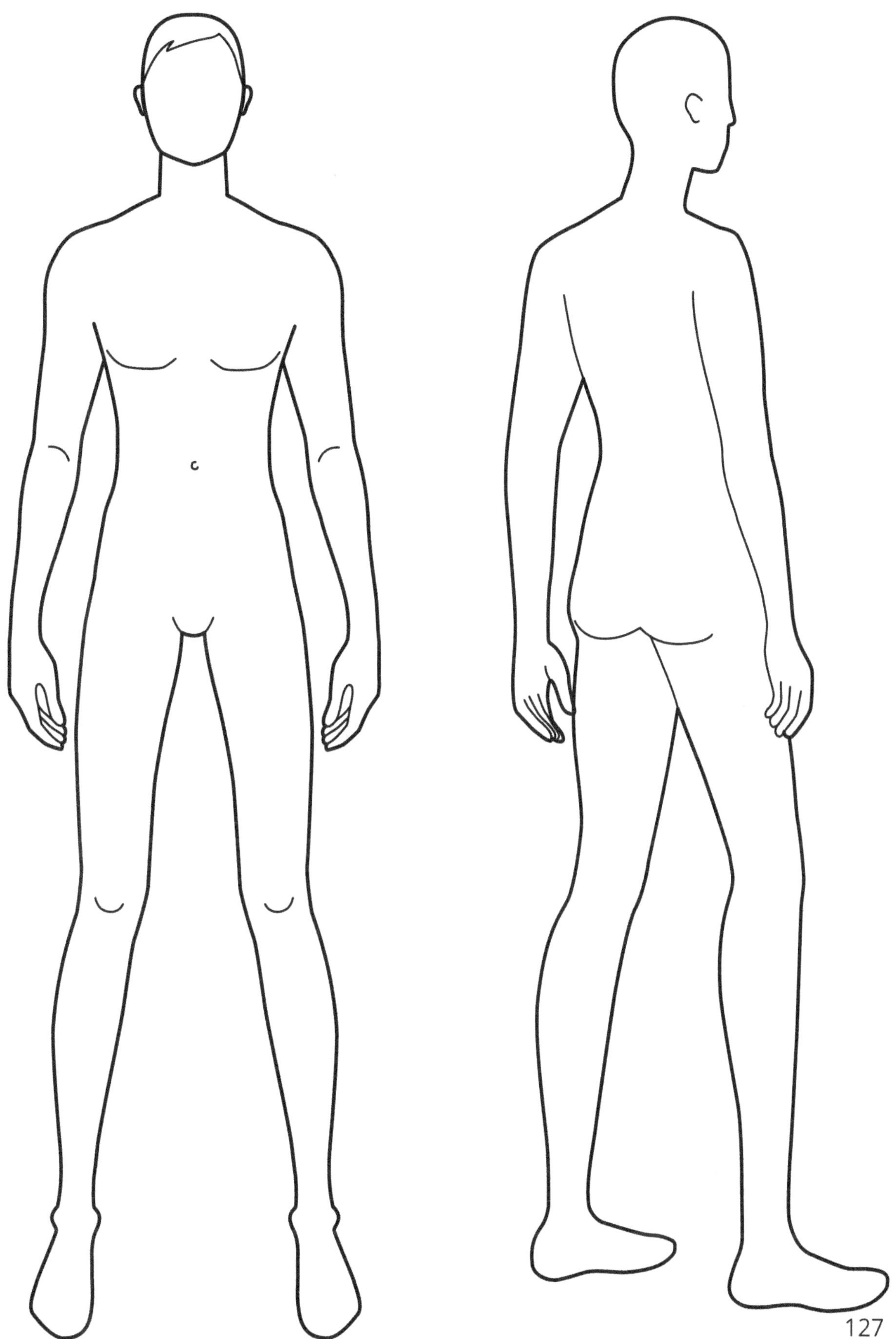

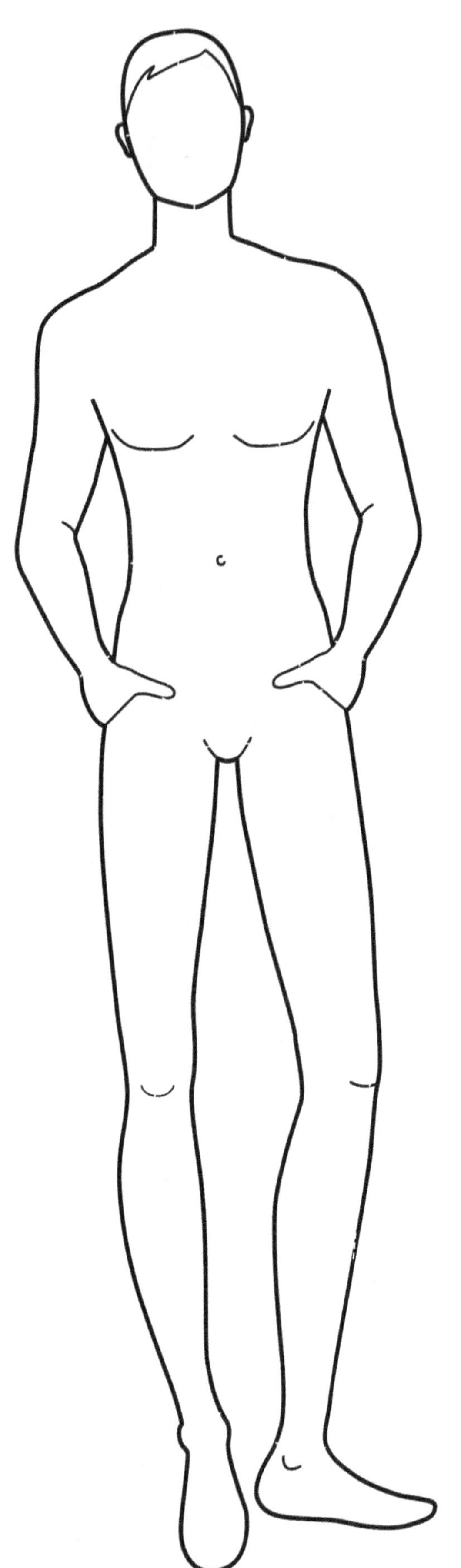
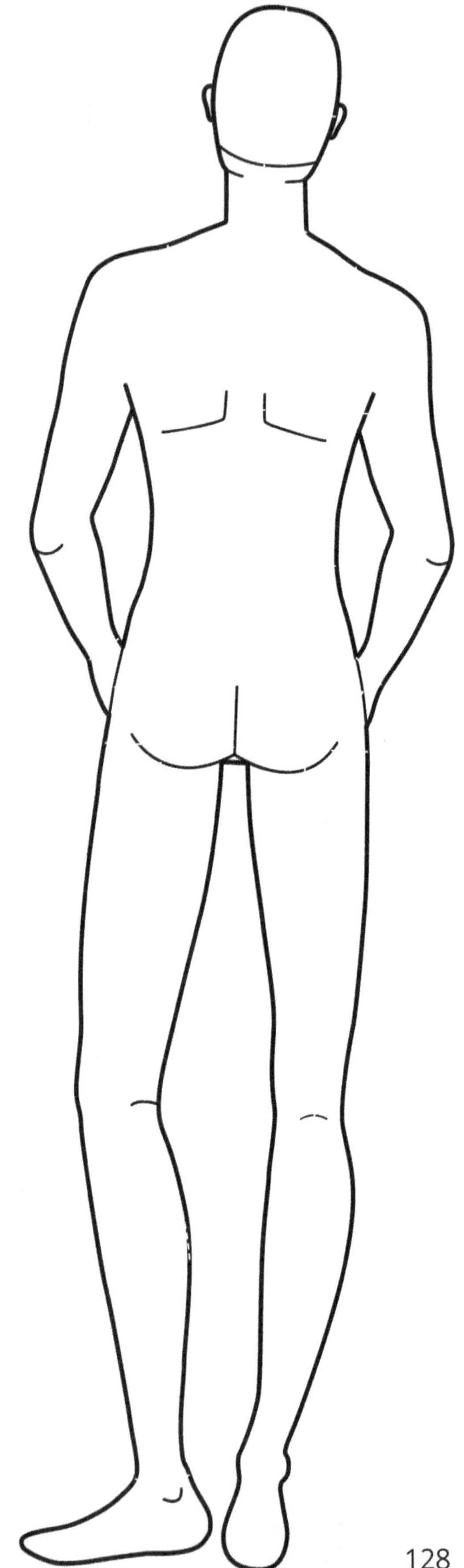

Trends

Inspiration

Textilien

Notizen

Details

Stoffmuster

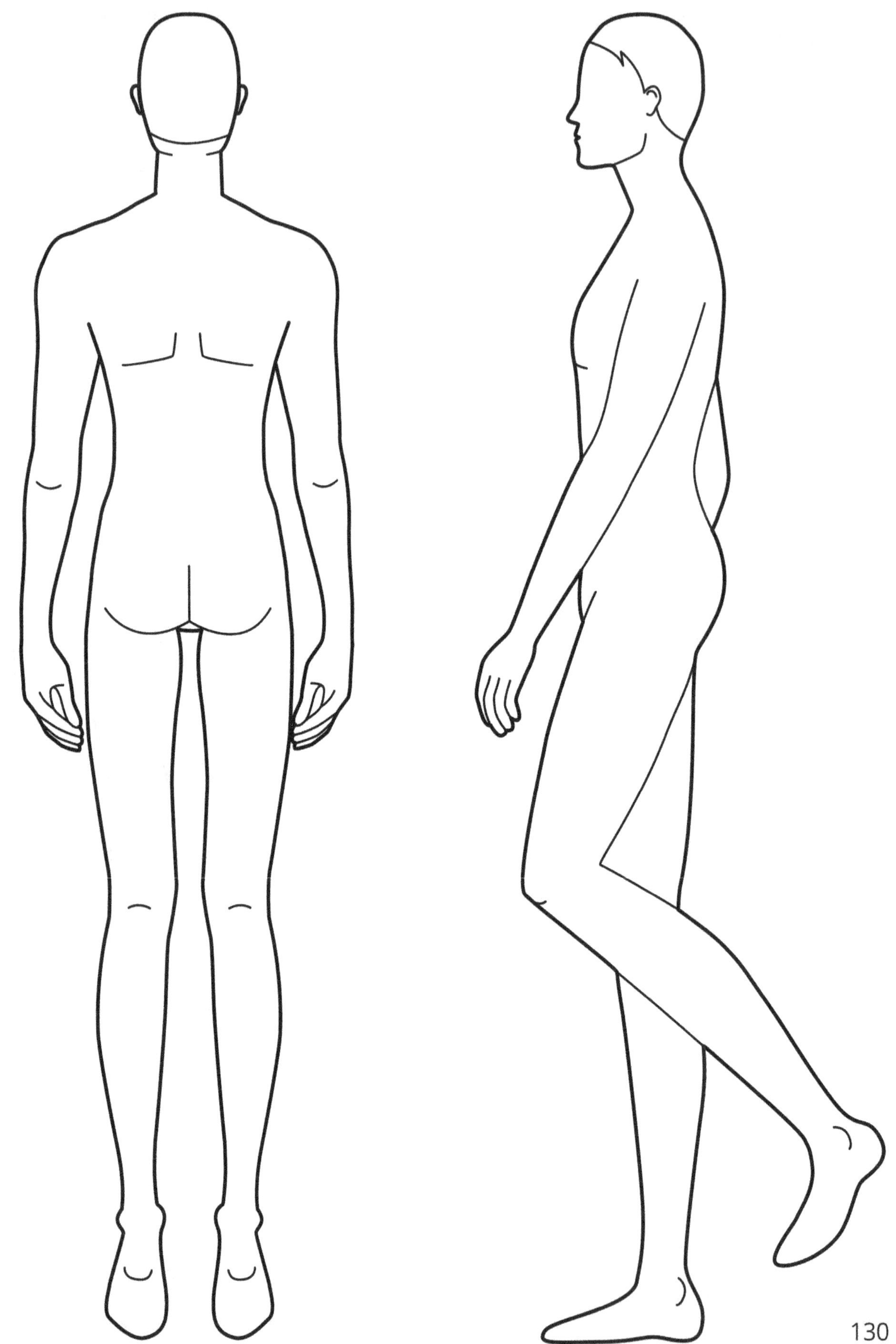

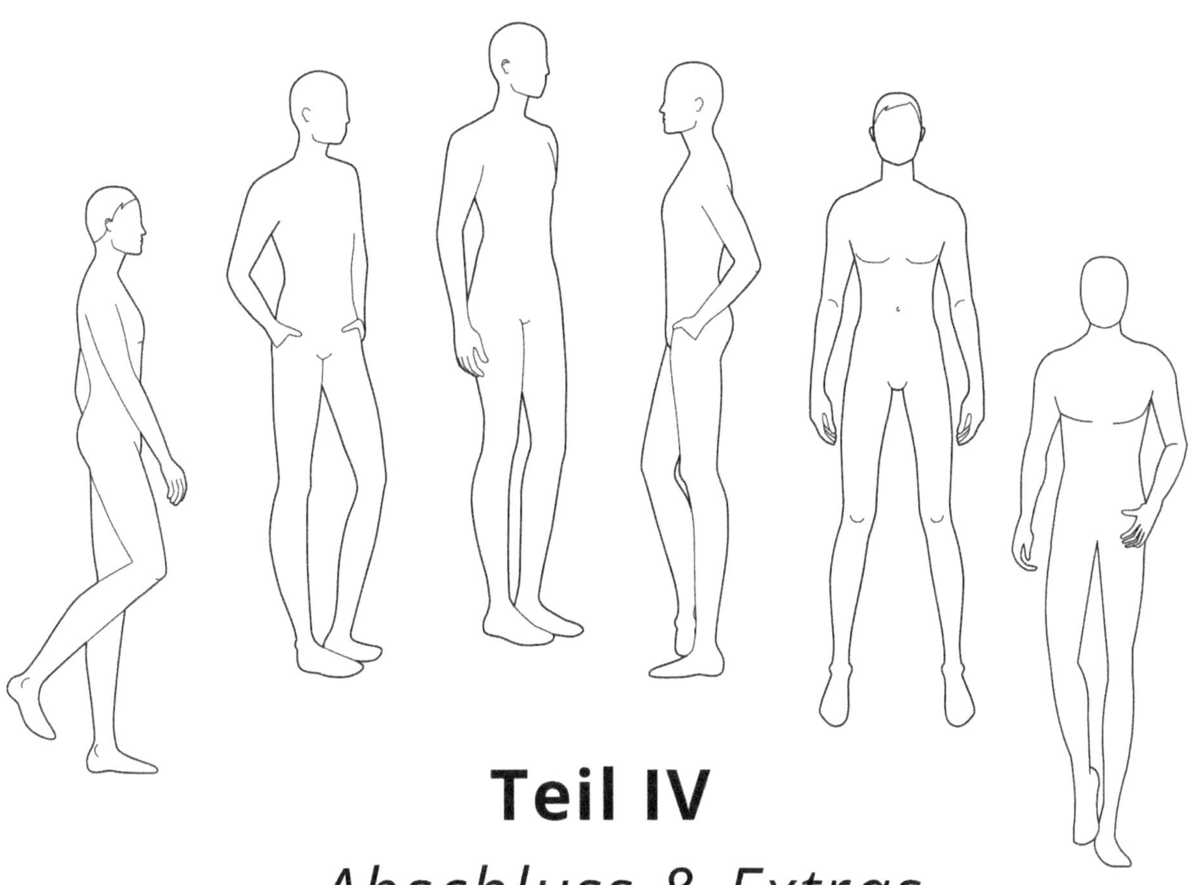

Teil IV
- *Abschluss & Extras*

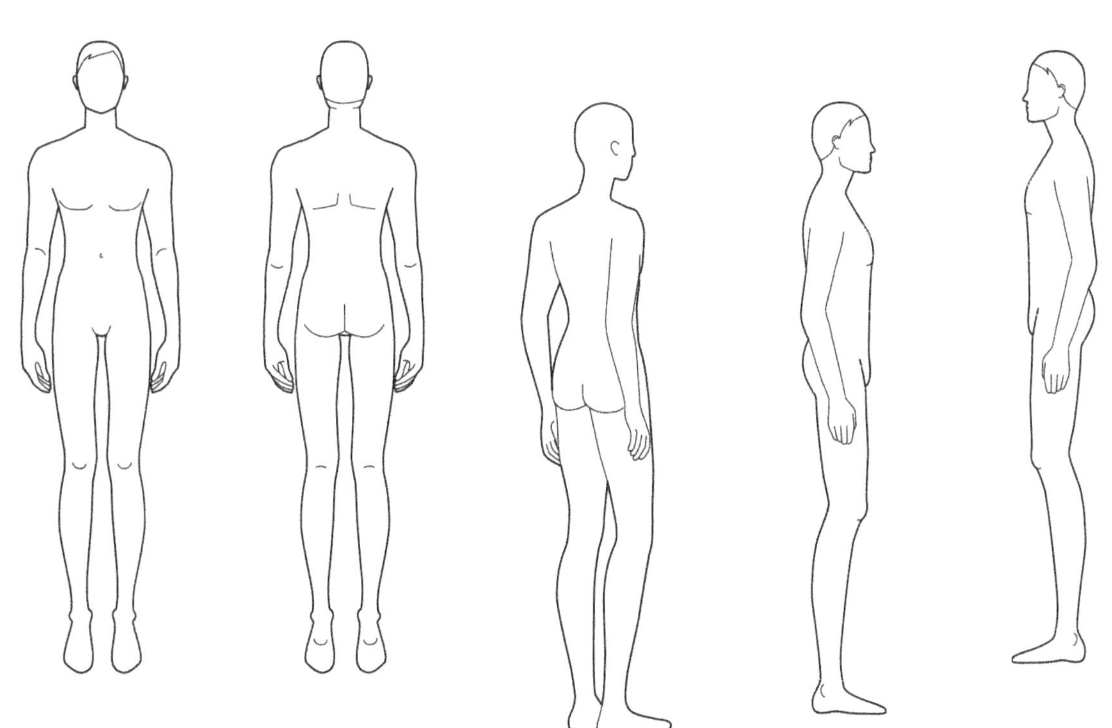

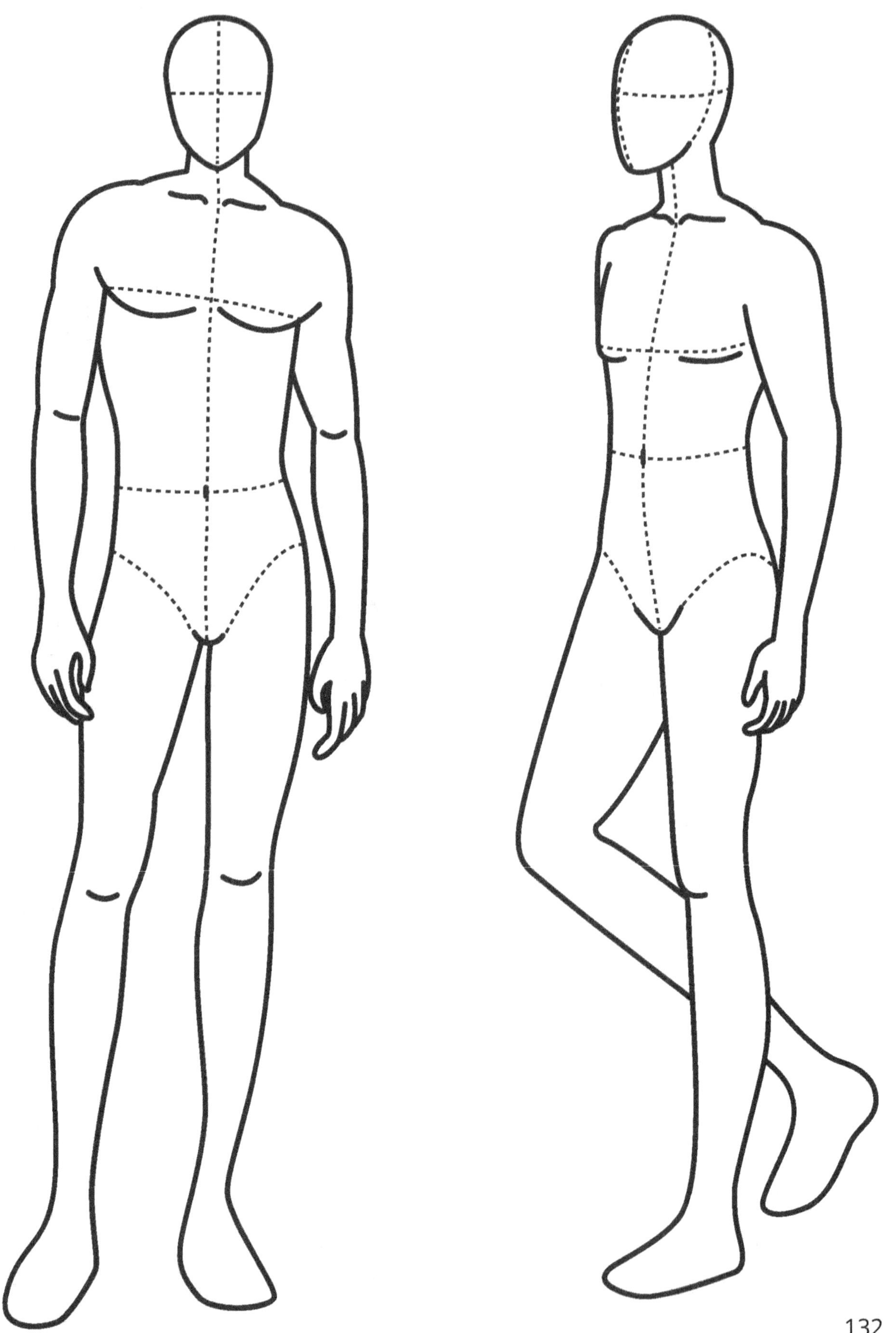

Ein klassisches Design neu interpretieren

Nimm eine zeitlose Silhouette der Herrenmode - etwa einen Anzug, eine Bomberjacke oder Jeans - und verleihe ihr einen modernen Twist. Behalte die Struktur bei, aber experimentiere mit Stoff, Farbe oder Details.

Anregungen:
- Welchen Teil des Designs hast du am stärksten verändert?
- Hast du es tragbar gehalten oder künstlerischer gestaltet?
- Wie spiegelt dein Redesign heutige Trends wider?

Profi-Tipp: *„Moderne Updates verleihen Klassikern neues Leben."*

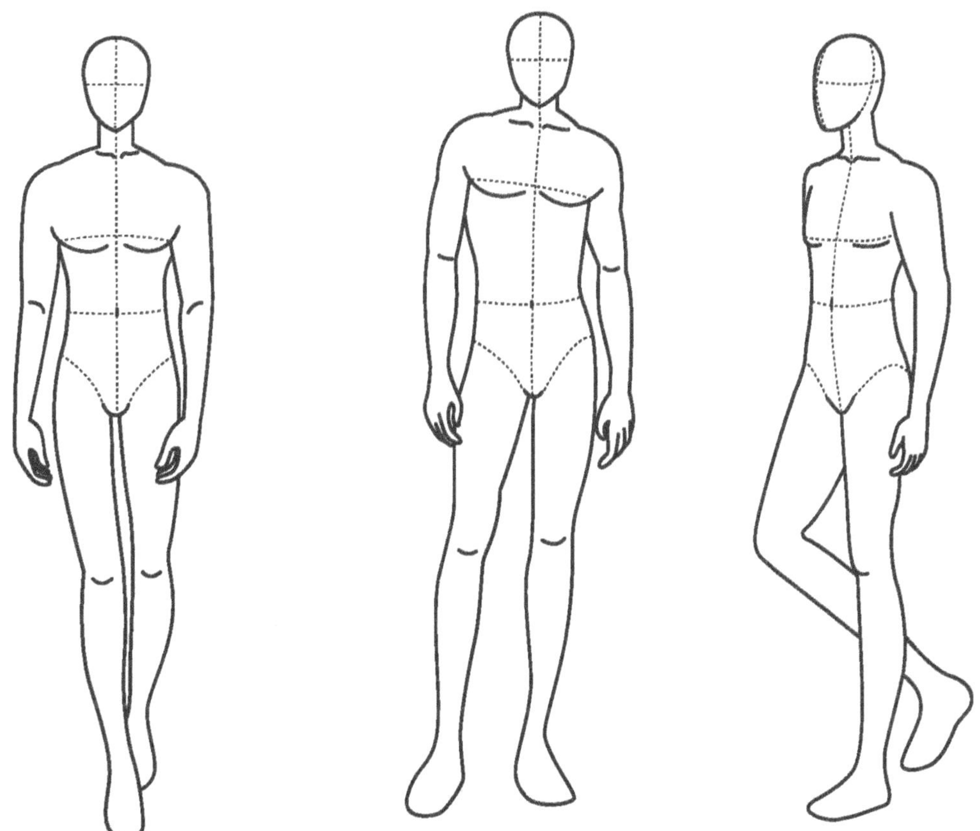

Capsule-Wardrobe-Herausforderung

Entwirf eine Capsule Wardrobe mit fünf essenziellen Outfits für Männer. Der Fokus liegt auf Vielseitigkeit - jedes Teil sollte sich mit den anderen kombinieren lassen.

Anregungen:
- Welche fünf Teile bilden die Grundlage deiner Capsule Wardrobe?
- Wie funktionieren sie zusammen für verschiedene Anlässe?
- Ist das Gleichgewicht zwischen lässig und formell gut durchdacht?

Profi-Tipp: *„Weniger Teile, mehr Möglichkeiten."*

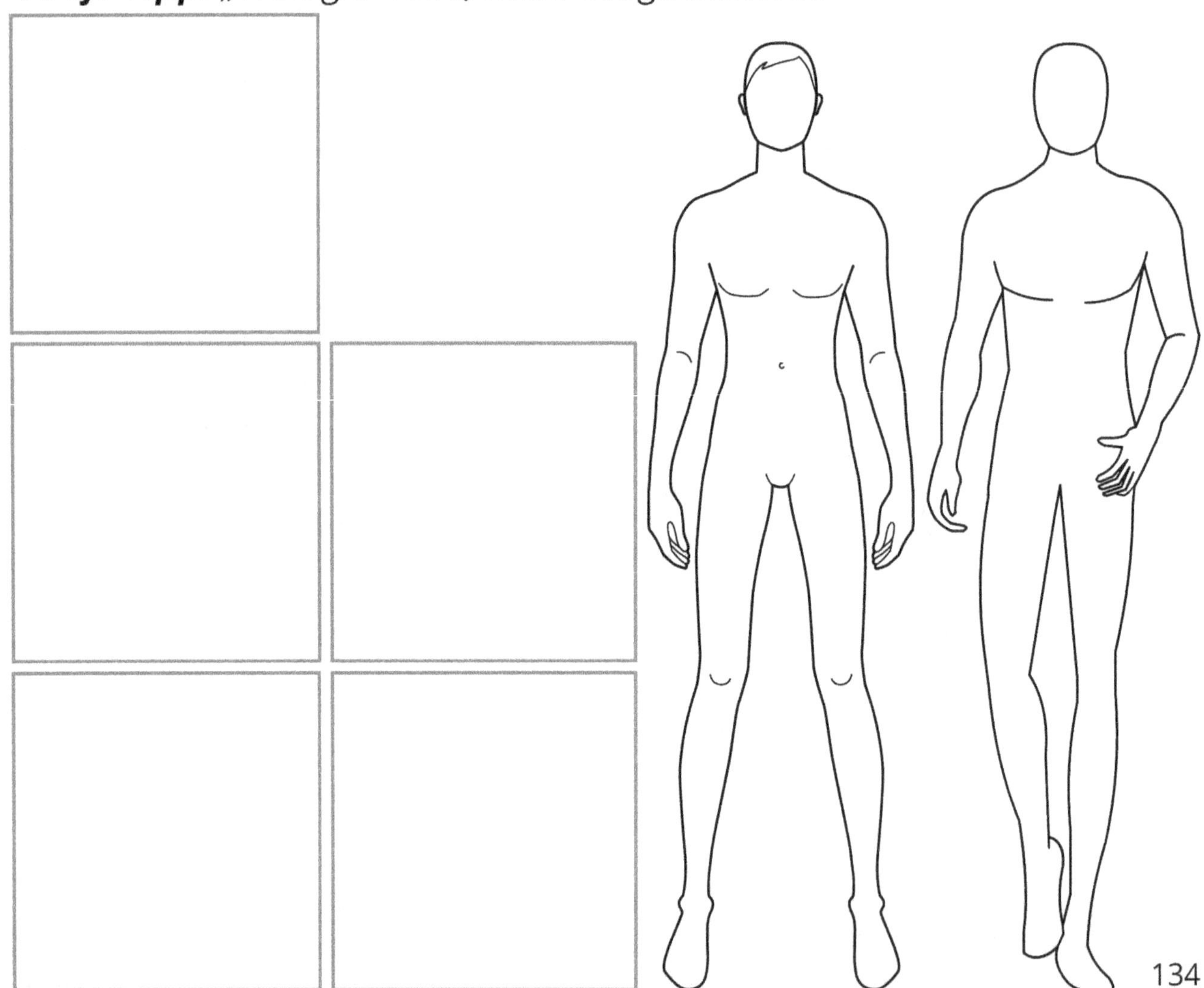

Saisonale Inspiration

 Wähle eine Jahreszeit und entwirf ein Outfit, das von ihr inspiriert ist - Frühlingsfrische, sommerliche Leichtigkeit, herbstliches Layering oder winterliche Eleganz.

Anregungen:

- Welche Farben oder Texturen repräsentieren deine gewählte Saison am besten?
- Wie beeinflussen Funktionalität (Wärme, Komfort, Atmungsaktivität) und Stil dein Design?
- Fühlt sich das Outfit trotz Funktionalität modisch und aktuell an?

Profi-Tipp*: „Saisonaler Stil = zeitlose Inspiration.“*

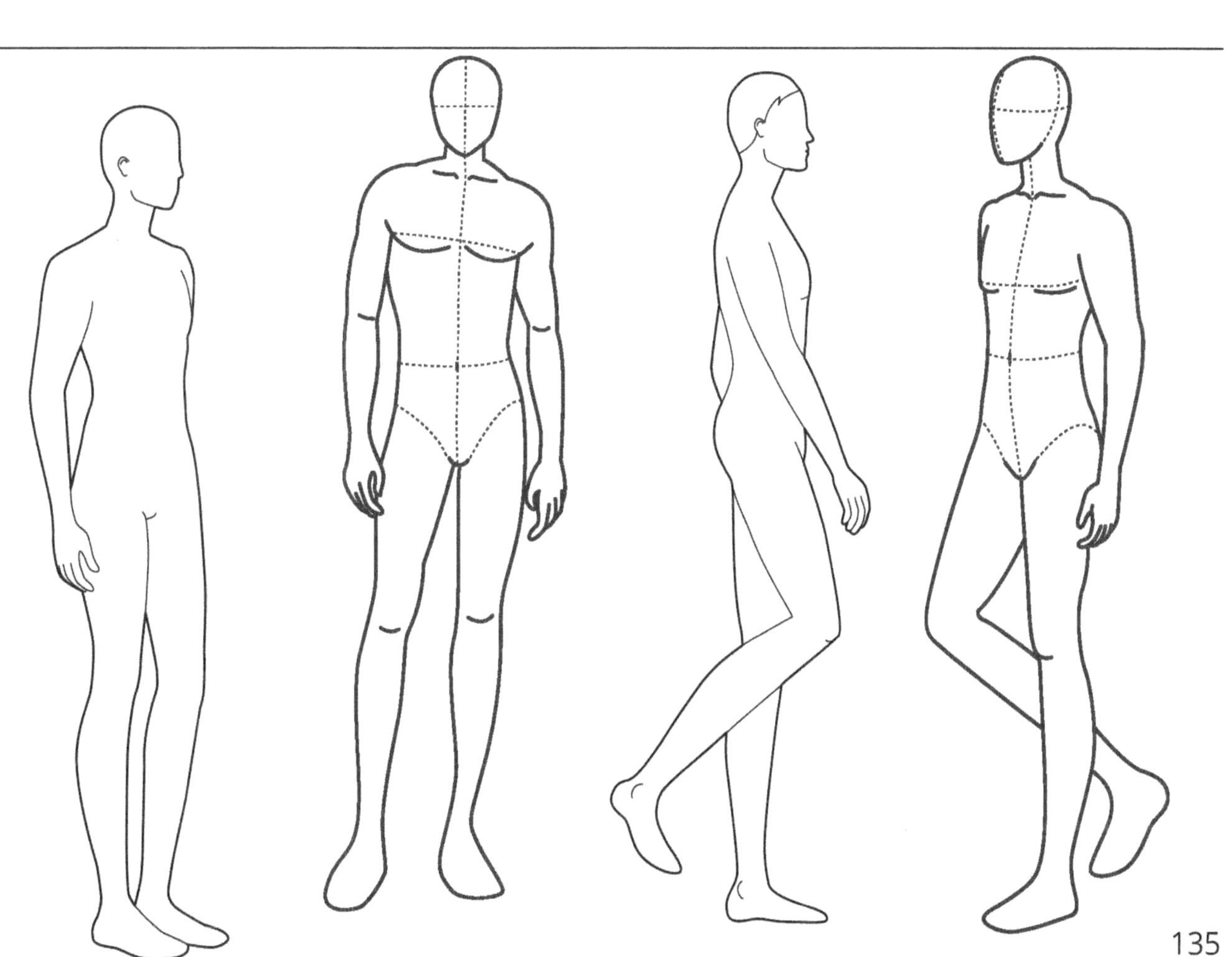

T-Shirt-Transformation

Beginne mit einem schlichten Herren-T-Shirt und erfinde es neu. Spiele mit Schnitten, Prints, Layering oder Materialkombinationen.

Anregungen:
• Wodurch hebt sich dein T-Shirt vom Gewöhnlichen ab?
• Ist es eher lässig, sportlich oder High-Fashion?
• Würde dein Design für die Massenproduktion oder als Limited Edition funktionieren?

Profi-Tipp: *„Das einfachste Kleidungsstück kann die kühnste Idee tragen.“*

____

____

____

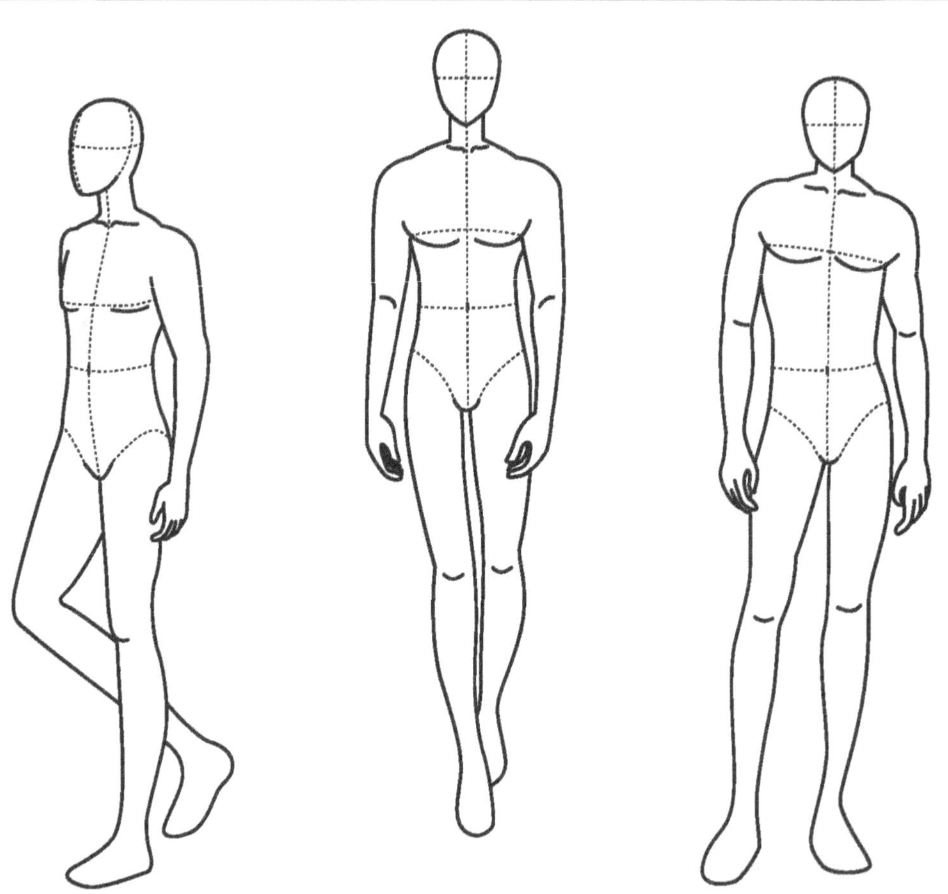

Mix & Match der Gegensätze

Kombiniere zwei gegensätzliche Stile in einem Outfit (z. B. Streetstyle + Formal, Sportlich + Luxus, Vintage + Futuristisch).

Anregungen:
- Welche Elemente stehen im stärksten Kontrast?
- Wie hast du Spannung und Harmonie ausbalanciert?
- Ist das Ergebnis unerwartet, aber tragbar?

Profi-Tipp: *„Kontraste schaffen Charakter."*

Fokus Accessoire

Entwirf ein markantes Herren-Accessoire (Uhr, Sneaker, Rucksack, Hut, Krawatte usw.), das einen Look transformiert. Accessoires erzählen kraftvolle Geschichten.

Anregungen:
- Welches Accessoire hast du gewählt und warum?
- Wie ergänzt oder hebt es das Outfit hervor?
- Könnte es zu einem Signature-Piece in einer Kollektion werden?

Profi-Tipp: _„Accessoires sind die Ausrufezeichen des Stils."_

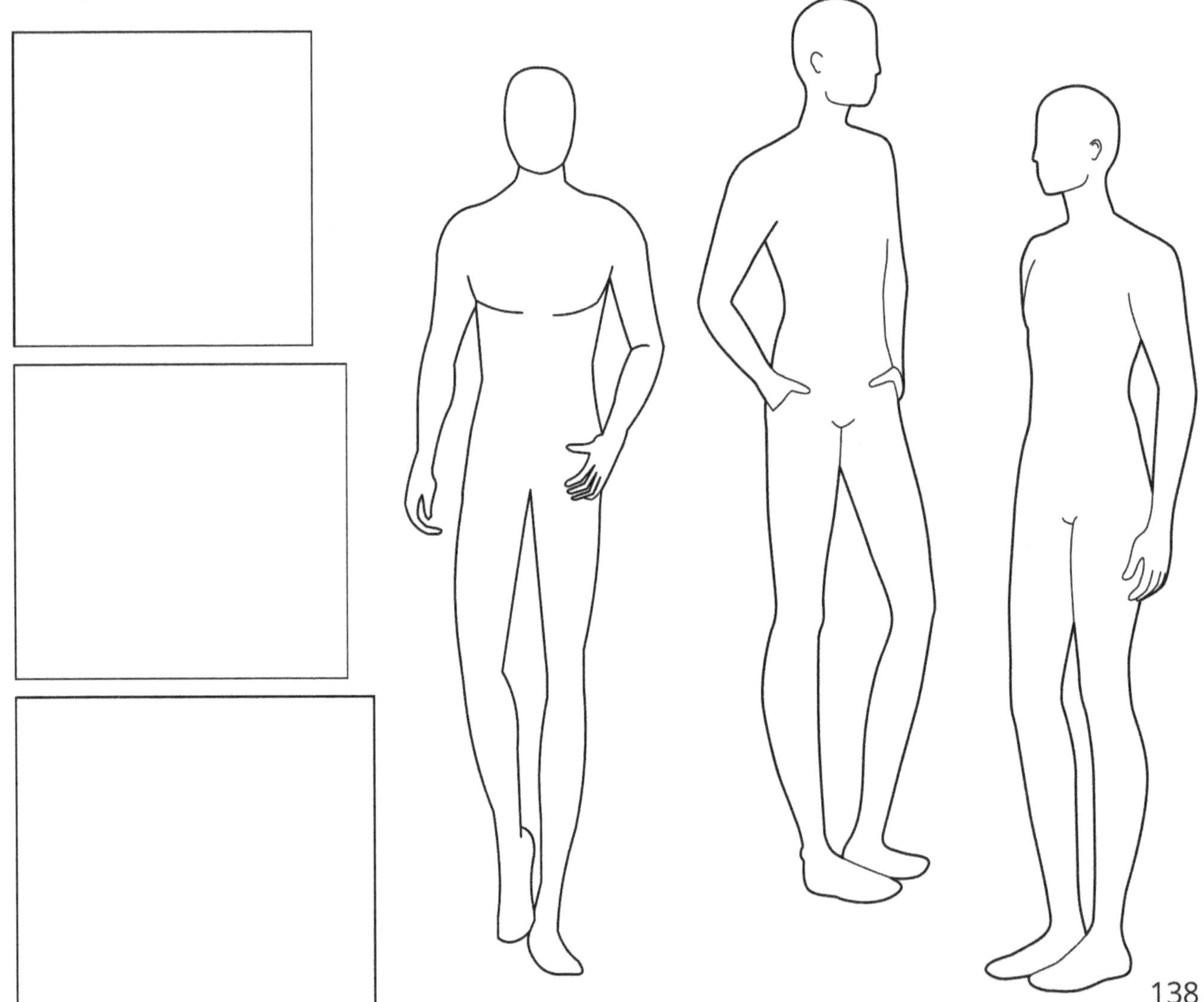

Mode im Wandel der Zeit

Wähle ein Jahrzehnt (z. B. 1920er, 1970er, 1990er) und entwirf ein Herren-Outfit, das davon inspiriert ist - modern interpretiert.

Anregungen:
- Welche Schlüsselelemente definieren dein gewähltes Jahrzehnt?
- Wie hast du sie an moderne Trends angepasst?
- Bewahrt das Design seinen Retro-Charme und wirkt dennoch zeitgemäß?

Profi-Tipp: „Jedes Jahrzehnt hinterlässt Spuren - interpretiere sie mit deiner Vision neu."

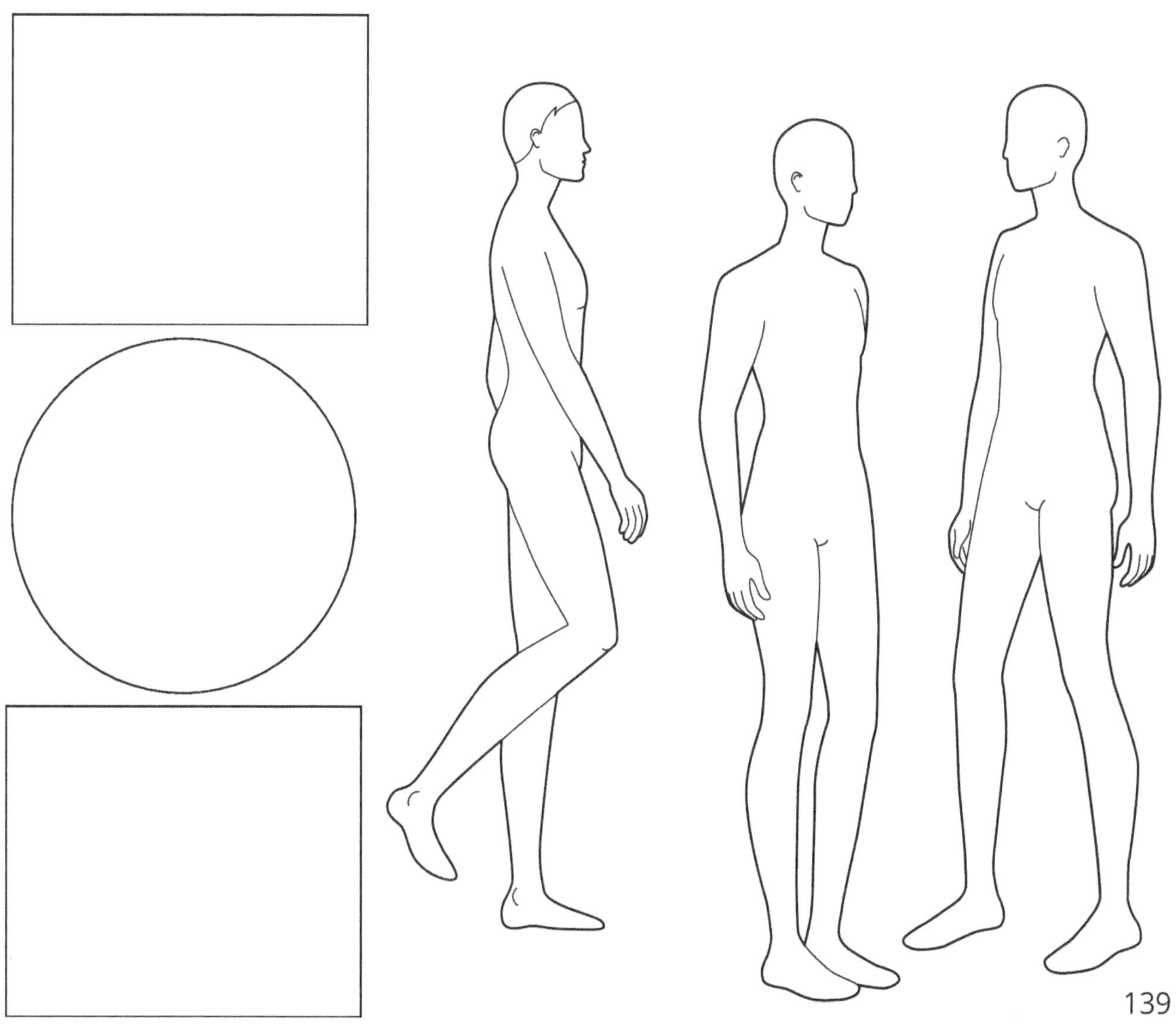

Moodboard zum Outfit

Erstelle ein Mini-Moodboard und entwirf anschließend ein Outfit basierend darauf. Sammle Farben, Texturen und Bilder, die dich inspirieren, klebe oder zeichne sie in den freien Bereich und übersetze dieses Gefühl in einen tragbaren Look.

Anregungen:
- Was ist das Thema deines Moodboards?
- Welche Elemente hast du in dein Design übertragen?
- Fühlt sich das finale Outfit „wie dein Board" an?

Profi-Tipp:
„Ein starkes Konzept = eine starke Kollektion."

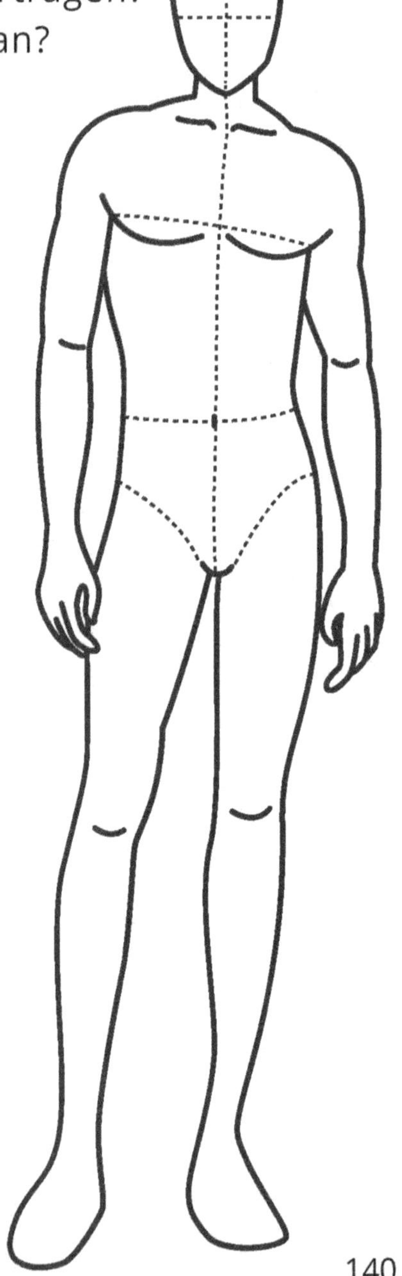

Checkliste für Modedesigner:innen

Jede:r Modedesigner:in braucht die richtigen Werkzeuge und Grundlagen. Nutze diese Checkliste, um für jede Skizzensitzung oder jedes Designprojekt vorbereitet zu sein. Kreuze die Kästchen ab, während du dein kreatives Toolkit zusammenstellst - und füge deine eigenen Must-haves hinzu!

Grundausstattung fürs Design:
- Skizzenbücher & leeres Papier ....
- Figuren-Schablonen für Modezeichnungen ....
- Bleistifte (HB, 2B, 4B) ....
- Fineliner & Tintenstifte ....
- Radiergummis & Spitzer ....
- Lineale & Kurvenlineale ....

Farben & Texturen:
- Farbstifte ....
- Marker / Alkoholmarker ....
- Aquarellfarben oder Gouache ....
- Stoffproben ....
- Texturmuster ....

Werkzeuge & Zubehör:
- Scheren & Cutter ....
- Klebestift / Klebeband ....
- Maßband ....
- Stecknadeln / Clips ....
- Portfolio-Mappe ....

Digitale Tools (optional):
- Grafiktablet ....
- Stylus-Stift ....
- Designsoftware (CAD / Zeichen-Apps) ....

Stoff- und Trendforschung:
- Textilkataloge ....
- Trendmagazine ....

Moodboard-Materialien ....

Meine Lieblingsstoffe & Marken
- Notizbereich

Diese Seite ist nur für dich! Notiere deine Lieblingsstoffe, Texturen und bevorzugten Marken. Denk an Materialien, die dich am meisten inspirieren - ob weiche Baumwolle, strukturierte Wolle oder glattes Leder.

Meine Top 3 Stoffe:

- Stoffe, mit denen ich gerne arbeiten würde:
- Meine bevorzugte Stoffmarke / mein Lieblingsgeschäft:
- Ein Stoff, der meinen Stil repräsentiert:
- Traumstoff für zukünftige Projekte:

Lass Platz für Notizen und kleine Stoffproben oder Muster, die du einkleben kannst.

____

____

____

____

____

____

____

____

____

____

Mein persönliches Modejournal

Ein Raum für deine Reflexionen als Designer:in.

Du hast den letzten Abschnitt dieses Skizzenbuchs erreicht - aber dies ist erst der Anfang deiner kreativen Reise. Nutze diese Seite, um Gedanken, Erkenntnisse und Träume festzuhalten:

- Was ich bisher gelernt habe:
- Meine liebsten Designs:
- Der Stil, der mich am besten repräsentiert:
- Meine nächsten Ziele als Designer:

„Jede Skizze ist eine neue Möglichkeit. Experimentiere weiter, skizziere weiter, kreiere weiter."

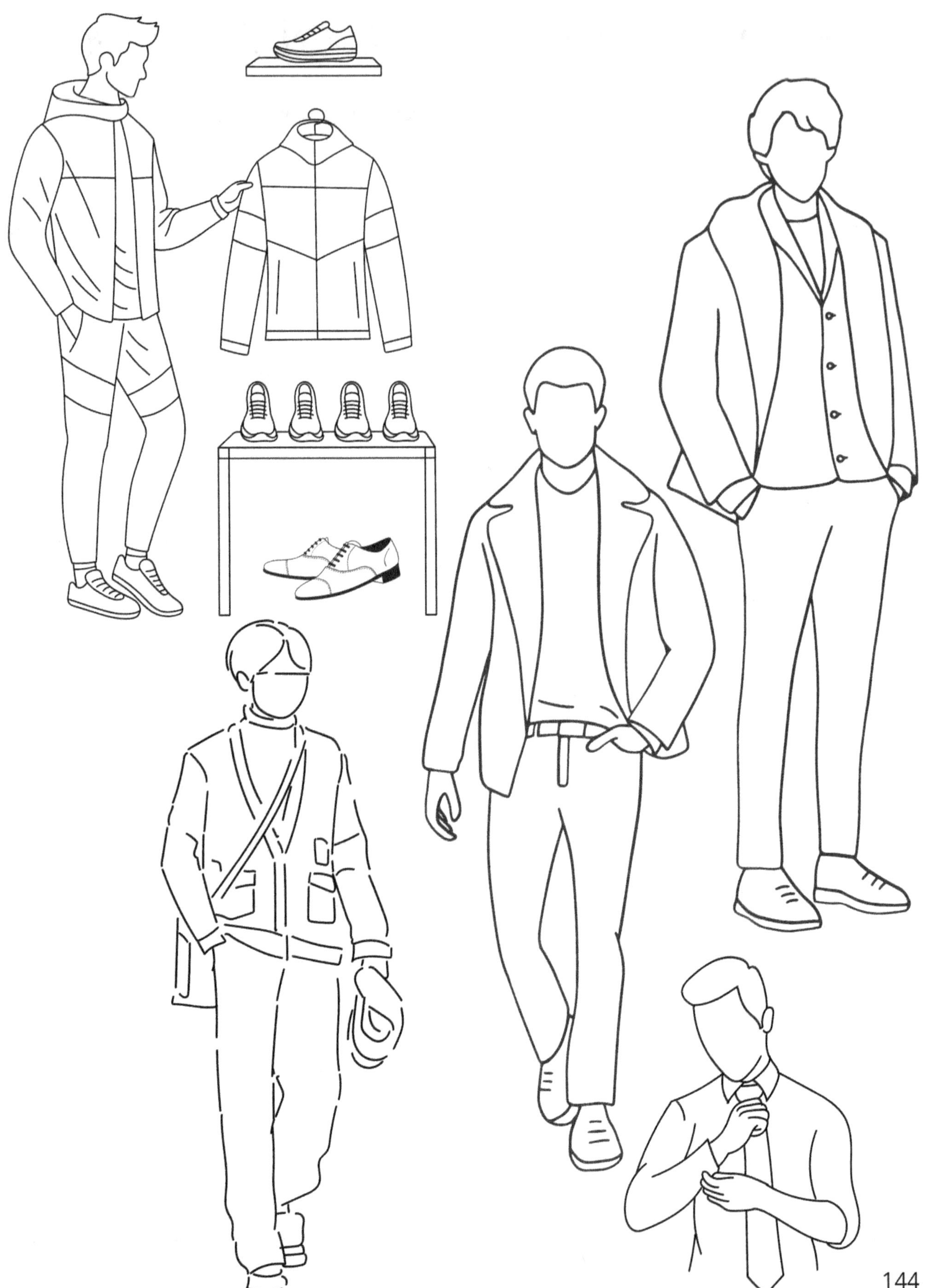

Herzlichen Glückwunsch!
Du hast es geschafft!

Herzlichen Glückwunsch, Designer:in!

Du hast die letzten Seiten dieses Übungsbuchs erreicht - das bedeutet, du hast Zeit, Energie und Kreativität in die Entwicklung deiner Vision investiert.

Egal, ob du Anfänger:in bist oder bereits Erfahrung hast - jede Skizze, jede Idee und jede Notiz war ein Schritt auf deinem Weg.
Mode ist mehr als Stoffe und Schnitte - sie ist Ausdruck von Geschichten, Identität und Kreativität.

Jede Übung, die du abgeschlossen hast, hat dich deinem individuellen Stil und deinem Selbstvertrauen im Design nähergebracht.

Denk daran: Wachstum entsteht durch Beständigkeit. Skizziere weiter, experimentiere weiter - und vor allem: Hab Spaß mit deiner Kunst!

Wir würden uns freuen, von dir zu hören!
Wenn dich dieses Skizzenbuch inspiriert hat, teile gerne dein Feedback.

Deine Erfahrung hilft anderen angehenden Designer:innen, dieses Buch zu entdecken und ihre eigene kreative Reise zu beginnen.

Danke, dass du Teil dieses Abenteuers bist!

**Skizziere weiter, designe weiter -
und höre nie auf, deine Vision auszudrücken!**

Niky Jadesson

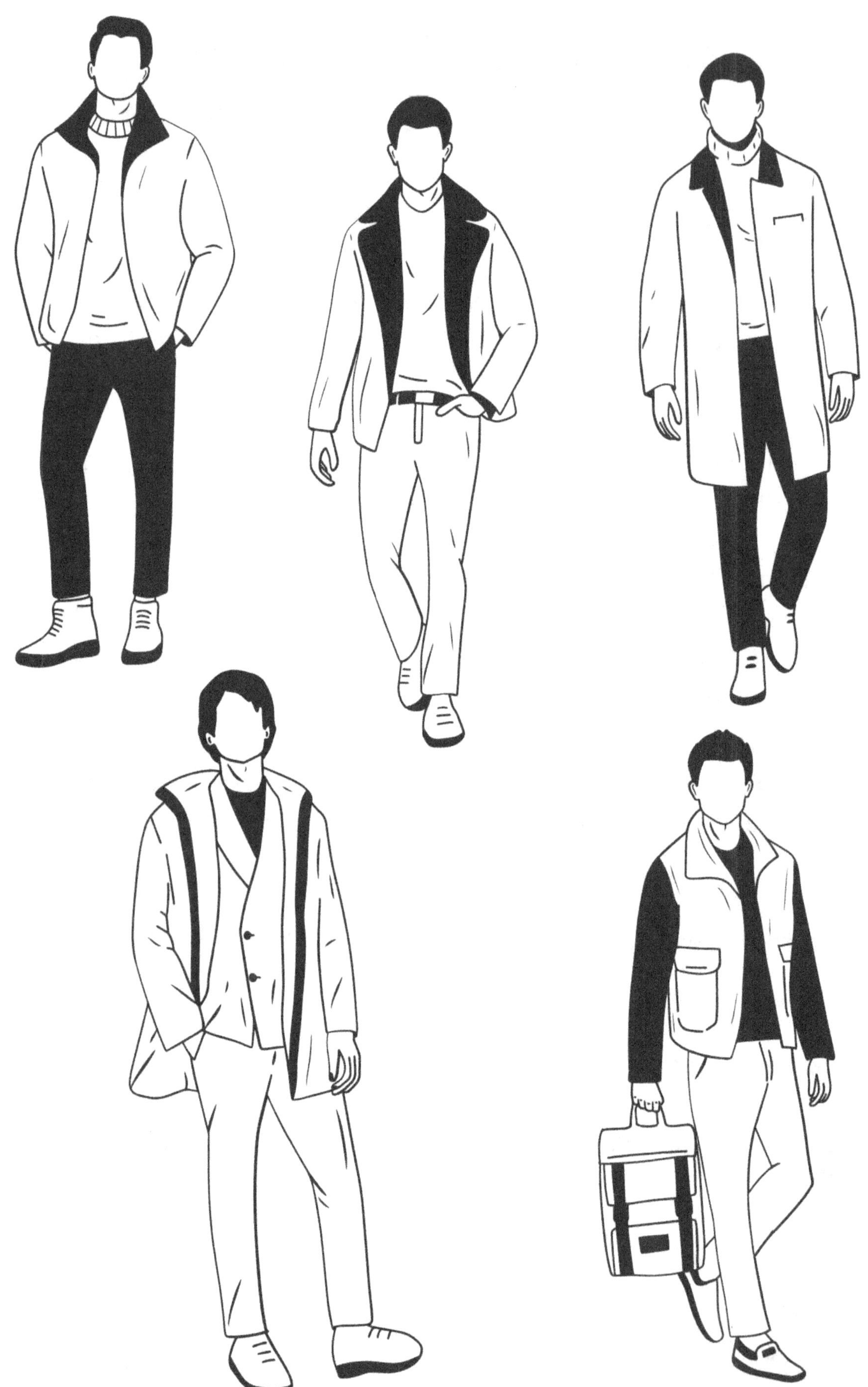

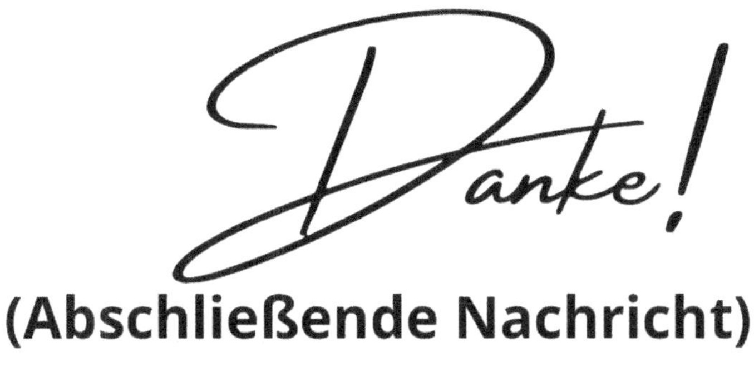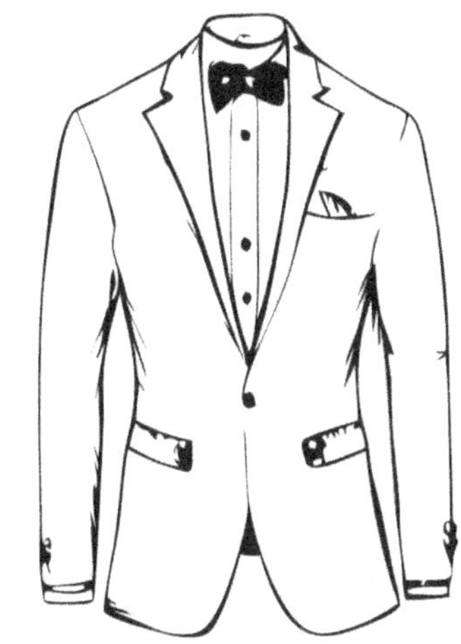

Danke!

(Abschließende Nachricht)

Danke, dass du hier bist!

Wir hoffen, dass dir dieses Skizzenbuch gefallen hat - inspirierend, praktisch und mit Freude nutzbar.

Deine Unterstützung bedeutet uns die Welt!

Als unabhängiges Publikationsprojekt hilft uns jedes Feedback, jede Rezension und jedes freundliche Wort, weiterhin kreative Werkzeuge für angehende Modedesigner:innen zu entwickeln.

Wenn du Feedback oder Vorschläge teilen oder einfach Hallo sagen möchtest, erreichst du uns unter:

 nikyjadesson@gmail.com

Entdecke weitere Varianten dieses Skizzenbuchs, indem du nach Niky Jadesson Books suchst.

Vielen Dank, dass du Teil dieser Designreise bist - möge deine Kreativität mit jeder neuen Skizze weiter aufblühen!

Niky Jadesson

Danke, dass du dieses Buch gewählt hast!

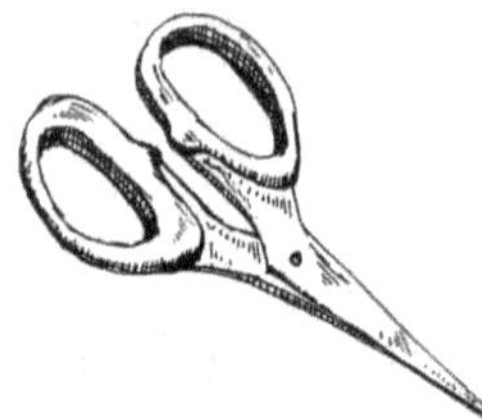 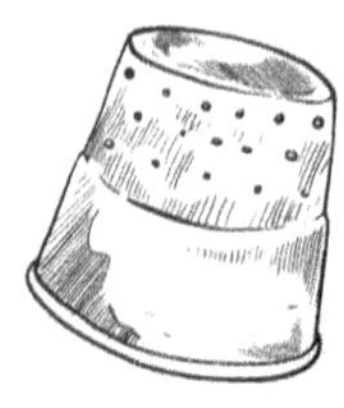 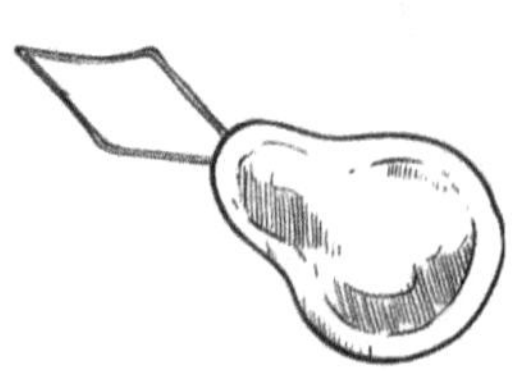 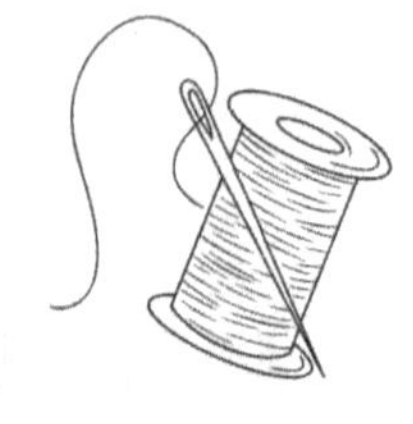

Wir schätzen die Zeit, Mühe und Leidenschaft, die du in die Nutzung dieses Skizzenbuchs investiert hast.

Deine Kreativität inspiriert uns, weiterhin Ressourcen zu schaffen, die Wachstum, Selbstvertrauen und Ausdruckskraft fördern.

Wenn dir dieses Buch geholfen hat, bedeutet uns deine Rezension sehr viel - sie hilft anderen Kreativen, es zu entdecken und unterstützt unsere Mission, mehr zu teilen.

Möchtest du mehr entdecken?

Suche online nach **Niky Jadesson Books**, um weitere Designs und Varianten zu finden.

Und vor allem:

**Skizziere weiter, designe weiter,
und kreiere weiter!**

Niky Jadesson

Über die Autorin

Niky Jadesson ist Autorin und Designerin mit einer Leidenschaft dafür, Bildung und Kreativität miteinander zu verbinden.

Mit Liebe zu Kunst und Ausdruck erschafft sie Bücher, die Leser:innen dazu einladen, ihre Kreativität zu entfalten, neue Fähigkeiten zu entwickeln und Freude am Prozess zu finden.

Ihre Inspiration stammt aus der Freude am Lernen, der Schönheit von Veränderung und dem Selbstvertrauen, das mit Übung wächst.

Wenn Niky nicht schreibt oder neue Projekte entwirft, genießt sie Spaziergänge in der Natur, eine gute Tasse Tee und das Sammeln frischer Ideen, um Lernen und Kreativität noch spannender zu gestalten.

Ihre Mission ist einfach: Menschen inspirieren und befähigen, sich selbst auszudrücken - Seite für Seite.

Ihre Veröffentlichungen umfassen sowohl Mode-Skizzenbücher für Frauen als auch für Männer, um Kreative aller Niveaus zu inspirieren.
Entdecke mehr unter: **Niky Jadesson Books**

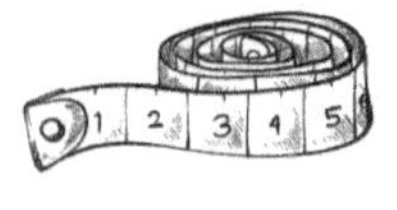 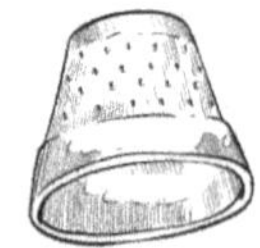

Glossar der Modebegriffe

- **Silhouette** - Die Gesamtkontur oder Umriss eines Kleidungsstücks; der erste Eindruck eines Designs.
- **Schnittmuster (Pattern) -** Vorlage zum Zuschneiden von Stoffteilen vor dem Zusammennähen.
- **Fall (Drape) -** Die Art, wie Stoff über Körper oder Puppe fällt und sich bewegt.
- **Naht (Seam) -** Die Linie, an der zwei Stoffstücke zusammengenäht sind.
- **Saumlinie (Hemline) -** Unterer Rand eines Kleidungsstücks, meist verarbeitet, um Ausfransen zu verhindern.
- **Oberteil (Bodice) -** Der Teil eines Kleidungsstücks, der den Oberkörper bedeckt.
- **Taille (Waistline) -** Verbindungslinie zwischen Ober- und Unterteil, die Proportionen definiert.
- **Revers (Lapels) -** Umgeschlagene Vorderteile an Jacken oder Mänteln.
- **Schneiderei (Tailoring)** - Die Kunst, maßgeschneiderte Herrenbekleidung zu entwerfen und anzufertigen.
- **Anzugstoffe (Suiting Fabric) -** Materialien wie Wolle, Tweed oder Leinen für maßgeschneiderte Kleidung.
- **Futter (Lining) -** Innere Stofflage für Komfort und ein sauberes Finish.
- **Textil (Textile) -** Gewebter, gestrickter oder hergestellter Stoff, der in der Mode verwendet wird.
- **Faser (Fiber) -** Grundmaterial eines Stoffes (Baumwolle, Wolle, Seide, Polyester usw.).
- **Couture -** Exklusive, maßgefertigte High-Fashion-Kreationen, oft handgearbeitet.
- **Prêt-à-porter (Ready-to-Wear) -** Kleidung in Standardgrößen, im Handel erhältlich.
- **Capsule Wardrobe** - Kleine, vielseitige Kollektion essenzieller Kleidungsstücke zum Kombinieren.

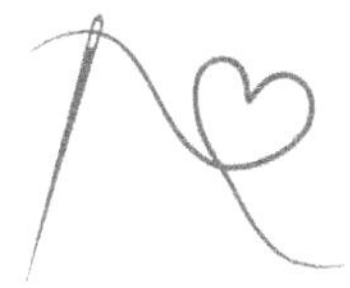 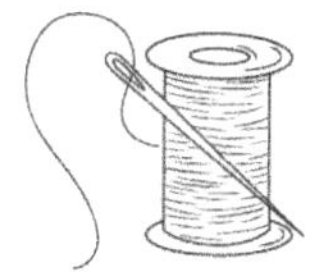

Glossar der Modebegriffe

- **Layering -** Das Kombinieren mehrerer Kleidungsstücke für Tiefe und Flexibilität.
- **Farbpalette -** Auswahl an Farben, die in einer Kollektion oder einem Outfit verwendet werden.
- **Trend -** Aktuell beliebter Stil oder Schnitt, der die Mode dominiert.
- **Moodboard -** Visuelles Collage-Board aus Bildern, Farben und Texturen zur Inspiration.
- **Abnäher (Dart) -** Genähte Falte zur Anpassung der Passform an Körperformen.
- **Passe (Yoke) -** Geformtes Stoffteil, meist an Schultern oder Hüfte, das den Rest stützt.
- **Schrägschnitt (Bias Cut) -** Stoff diagonal zur Faser geschnitten für besseren Fall.
- **Besatz (Trim) -** Dekorative Elemente wie Spitze, Bänder oder Stickerei.
- **Kurzwaren (Notions) -** Kleine Nähartikel wie Reißverschlüsse, Knöpfe, Haken.
- **Nachhaltige Mode (Sustainable Fashion) -** Kleidung mit Umwelt- und Ethikbewusstsein entworfen.
- **Fast Fashion -** Schnell produzierte, preisgünstige Kleidung nach aktuellen Trends.
- **Haute Couture** - Höchste Form handwerklicher Modekunst, oft Einzelstücke.
- **Kollektion (Collection)** - Zusammengehörige Modeentwürfe, präsentiert in einer Saison.

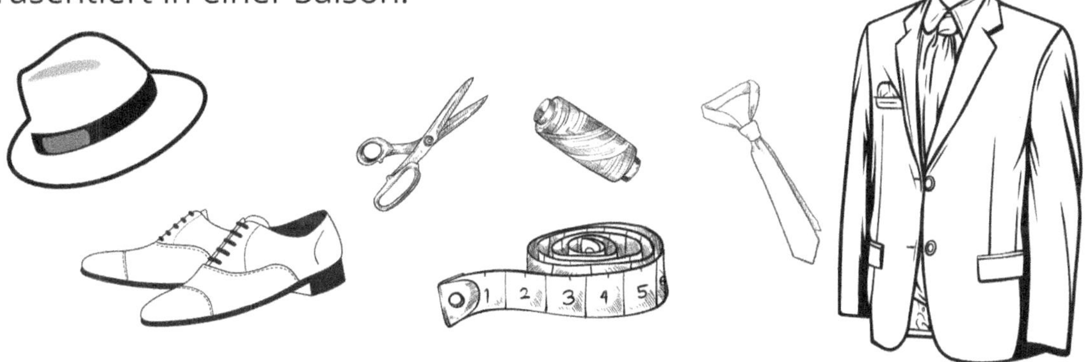